总第66集

行政执法与行政审判

中华人民共和国最高人民法院行政审判庭 编

主　　编　江必新
副 主 编　贺小荣
编　　委　李广宇　王振宇　王艳彬　马永欣　郭修江
　　　　　于　泓　王晓滨　耿宝建　梁凤云
执行编辑　梁凤云　仝　蕾

中国法制出版社
CHINA LEGAL PUBLISHING HOUSE

图书在版编目（CIP）数据

行政执法与行政审判. 总第66集 / 中华人民共和国最高人民法院行政审判庭编. —北京：中国法制出版社，2016.11
　ISBN 978-7-5093-8045-1

Ⅰ.①行… Ⅱ.①中… Ⅲ.①行政执法-中国-丛刊
②行政诉讼-审判-中国-丛刊 Ⅳ.①D922.11-55
②D925.318.2-55

中国版本图书馆CIP数据核字（2016）第277979号

责任编辑　周琼妮（zqn-zqn@126.com）　　　　　　　　　封面设计　蒋　怡

行政执法与行政审判（总第66集）
XINGZHENG ZHIFA YU XINGZHENG SHENPAN

编者/中华人民共和国最高人民法院行政审判庭
经销/新华书店
印刷/三河市紫恒印装有限公司
开本/710毫米×980毫米 16开　　　　　　　　　　印张/10.5　字数/180千
版次/2016年11月第1版　　　　　　　　　　　　2016年11月第1次印刷

中国法制出版社出版
书号 ISBN 978-7-5093-8045-1　　　　　　　　　　　　定价：40.00元

北京西单横二条2号　　　　　　　　　　　　值班电话：010-66026508
邮政编码100031　　　　　　　　　　　　　　传真：010-66031119
网址：http://www.zgfzs.com　　　　　　　　编辑部电话：010-66067023
市场营销部电话：010-66033393　　　　　　　邮购部电话：010-66033288

（如有印装质量问题，请与本社编务印务管理部联系调换。电话：010-66032926）

行政执法与行政审判（总第66集）目录

【最新司法解释】

001 最高人民法院关于行政机关不依法履行政府信息公开义务行为是否属于行政复议范围问题的答复

002 最高人民法院行政审判庭关于行政机关撤销或者变更已经作出的协助执行行为是否属于行政诉讼受案范围请示问题的答复

003 最高人民法院关于举报人对行政机关就举报事项作出的处理或者不作为行为不服是否具有行政复议申请人资格问题的答复

004 最高人民法院关于《海关行政处罚实施条例》第六十二条第一款第（二）项"收缴"行为法律适用问题的答复

【行政诉讼理论】

005 论行政赔偿司法救济的时效 ……………………………… 林俊盛

【行政审判实务】

014 审视与探索：行政裁判文书说理的问题与进路探析 ……… 孔令媛

025 免予公开政府信息行政案件的裁判标准和审查方式 ……… 陈磊

【调查与研究】

031 关于规范集体土地征收拆迁司法审查 促进依法行政的调研报告 …………… 江苏省南通市中级人民法院课题组

066 关于泉州市集体土地征收相关行政诉讼案件的调研报告 ………………………………… 陈慧瑛　江炳溪

【双选专题】

076 食品标签内容合法性的认定
——盐城市奥康食品有限公司东台分公司诉江苏省盐城市东台工商行政管理局工商行政处罚决定案 ……………………… 刘德生　丁惠

083 行政赔偿调解范围不限于行政赔偿请求项目
——李玉琦诉安宁市人民政府太平新城街道办事处行政赔偿案 ………………………………… 赵柏林

1

087 行政机关能否"通知"终止农村土地承包合同
　　——三亚博后经济开发有限公司诉三亚市吉阳镇人民
　　　政府、三亚市亚龙湾国家旅游度假区管理委员会
　　　行政决定纠纷案　　　　　　　　　　　　孙惠文

094 对盲人进行处罚时正当法律程序原则的适用
　　——李某某诉北京市公安局朝阳分局治安行政
　　　处罚案　　　　　　　　　　　哈胜男　卞京英

100 高等院校依据与民办高校签订的协议作出学位授予行为
　　的司法审查
　　——何某某诉华中科技大学要求履行法定职责案　　侯士宇

【以案释法】
104 "严重"影响城市规划违法建设的界定与处理
　　——刘某某、苏某某诉徐州市九里区城市管理行政执法局
　　　城市规划管理行政强制及行政赔偿案　　章文英　梁　卓

114 机动车驾驶人培训市场发展规划不能作为行政许可的依据
　　——金为发诉盱眙县运输管理所交通行政许可案　　王伏刚

118 房屋权属登记机关拒绝房屋继承人"以人查房"构成不
　　履行法定职责　　　　　　　　　　　　　　洪　彦

124 "曲奇"是饼干还是糕点：对食品属性的司法认定与市场
　　监管
　　——孙某诉普陀区质量技术监督局质量技术监督
　　　管理案　　　　　　　　　　　田　华　周　嫣

【域外撷英】
130 英国政府信息公开法律制度　　　　　　　　史学成
150 英国宪法行政法近期改革观察　　　　　　　史学成

最高人民法院关于行政机关不依法履行政府信息公开义务行为是否属于行政复议范围问题的答复

(2014)行他字第5号

吉林省高级人民法院：

你院《关于戚凤春、云庆强诉吉林省人民政府政府信息公开行政复议一案的请示》收悉。经研究，答复如下：

行政机关针对政府信息公开申请作出不予公开答复或者逾期不予答复，属于《中华人民共和国政府信息公开条例》第三十三条第二款规定的"行政机关在政府信息公开工作中的具体行政行为"。公民、法人或者其他组织认为侵犯其合法权益的，可以依法申请行政复议。行政复议机关依照《中华人民共和国政府信息公开条例》第三十三条第一款不予受理，系适用法律错误，人民法院依法应予纠正。

2014年6月26日

最高人民法院行政审判庭关于行政机关撤销或者变更已经作出的协助执行行为是否属于行政诉讼受案范围请示问题的答复

（2014）行他字第 6 号

辽宁省高级人民法院：

你院（2013）辽行终字第 41 号请示收悉，经研究答复如下：

行政机关认为根据人民法院生效裁判或者协助执行通知书作出相应行政行为可能损害国家利益、公共利益或他人合法权益，可以向相关人民法院提出建议；行政机关擅自撤销已经作出的行政行为，相对人不服提起行政诉讼的，人民法院应当依法受理。

2014 年 10 月 31 日

最高人民法院关于举报人对行政机关就举报事项作出的处理或者不作为行为不服是否具有行政复议申请人资格问题的答复

(2013)行他字第14号

辽宁省高级人民法院：

你院《关于李万珍等人是否具有复议申请人资格的请示报告》收悉，经研究答复如下：

根据《中华人民共和国行政复议法》第九条第一款、《行政复议法实施条例》第二十八条第（二）项规定，举报人为维护自身合法权益而举报相关违法行为人，要求行政机关查处，对行政机关就举报事项作出的处理或者不作为行为不服申请行政复议的，具有行政复议申请人资格。

2014年3月14日

最高人民法院关于《海关行政处罚实施条例》第六十二条第一款第（二）项"收缴"行为法律适用问题的答复

（2014）行他字第1号

广东省高级人民法院：

你院《关于郑丽东与中华人民共和国闸口海关行政收缴纠纷如何适用法律问题的请示》收悉。经研究，答复如下：

《海关行政处罚实施条例》第六十二条第一款第（二）项关于"携带数量零星的国家禁止进出境的物品进出境，依法可以不予行政处罚的"，"由海关予以收缴"的规定，仅适用于符合《中华人民共和国行政处罚法》第二十七条第二款"违法行为轻微并及时纠正，没有造成危害后果，不予行政处罚"的情形。携带国家禁止进出境物品数量较多、数额较大的，应当按照《海关法》第八十二条规定依法没收走私物品。

海关作出上述收缴行为，应当遵守国务院《全面推进依法行政实施纲要》规定的程序正当原则和基本要求。

2014年9月30日

【行政诉讼理论】

论行政赔偿司法救济的时效

林俊盛

一、问题的提出

刘某、蓝某租赁、装饰广东肇庆星湖堤边某房屋经营咖啡厅,有关职能部门多年前为该房屋颁发了规划许可证和房屋产权证。不久,因该地段地陷,房屋被认定为危房且应拆除,房屋的地基经专业机构鉴定不允许建造建筑物。市政府以所拆除房屋是危房为由只给予刘某和蓝某少量的补偿,刘某、蓝某不服,欲起诉规划许可等部门违法发证并要求给予赔偿,但已经超过了行政诉讼的起诉期限。[①] 案例反映的基本问题是:行政相对人因行政机关后一行政行为对其权益造成影响而起诉,但由于后一行政行为合法导致其败诉,在这种情况下,相对人意识到行政机关前一行政行为才是造成其利益受损的主要原因,转而企图起诉行政机关前一行政行为违法并要求赔偿。根据我国当前的法律规定,行政相对人对前期行政行为的起诉往往已经明显超过起诉期限[②],在行政机关拒绝确认前期行政行为违法的情况下,这些当事人正当的赔偿请求显然已经无法得到救济。

《国家赔偿法》第三十九条规定,赔偿请求人请求国家赔偿的时效为两年,自其知道或者应当知道国家机关及其工作人员行使职权时的行为侵犯其人身权、财产权之日起计算,但被羁押等限制人身自由期间不计算在内。第九条第二款还规定:"赔偿请求人要求赔偿,应当先向赔偿义务机关提出,也

[①] 本案根据笔者主审的广东省高级人民法院(2008)粤高法行终字第13、14号案整理。后来两宗案件当事人与行政机关达成了和解协议。

[②] 根据我国《行政诉讼法》第三十九条规定,行政相对人对具体行政行为不服而起诉的普通起诉期限是3个月(修订后的《行政诉讼法》第四十六条规定为6个月),自知道具体行政行为内容之日起计算。也就是说,前一行政行为的起诉期限从那时候起便开始起算,等到上述案件当事人想起诉时,起诉期限早已届满。

可以在申请行政复议或者提起行政诉讼时一并提出。"但行政复议申请期限（通常为2个月）和行政诉讼的起诉期限都远较2年的赔偿时效短，行政相对人在知道某行政机关及其工作人员行使职权时的行为（包括具体行政行为和行政事实行为等）侵犯其人身权、财产权之日起2年内提出赔偿请求，遭到该行政机关拒绝后起诉，却被告知已经超过3个月的起诉期限而驳回其请求（或者起诉），那么，《国家赔偿法》2年请求时效的规定还有实际意义吗？换言之，行政相对人在起诉期限届满后是否仍然可以寻求行政赔偿的司法救济呢？这个问题初看似乎是个小问题，很少受到学者们的关注。但在司法实践中，对当事人寻求救济的实质影响很大。对这个问题的回答涉及我国整个行政救济体系设计是否完善的问题。行政相对人要求国家赔偿，在性质上属于向国家行使给付请求权。由于消灭时效期间往往较长而起诉期限往往较短，实践中可能会遇到这种情形，即当事人在诉讼中主张某具体行政行为违法，侵害其权益，要求国家赔偿，但针对该具体行政行为提起撤销诉讼的起诉期限早已届满的情况下，法院还能否受理赔偿案件并在国家赔偿诉讼程序中对该具体行政行为是否违法予以审查认定，并作为支持当事人赔偿请求的根据和理由。笔者拟对这个问题加以分析和探讨。

二、域外主要国家和地区的立法及借鉴

（一）大陆法系国家和地区的经验

法国主要的行政诉讼类型是完全管辖权之诉和撤销之诉。撤销之诉必须在受攻击的决定作出之后2个月内提起。起诉期间经过之后，当事人不能请求撤销该违法行为，但可以主张行政机关在作出违法处理时具有公务过错，请求赔偿损失。当事人在30年内随时可向行政机关提出请求（这与法国普通民事请求权消灭时效期间相同），行政机关拒绝当事人的请求时，可向行政法院提起完全管辖权之诉，请求赔偿，但对于以金钱支付为内容的行政处理例外。

在德国，行政诉讼按照民事诉讼的分类方式，即根据原告诉讼请求目的之不同，分为形成诉讼、给付诉讼和确认诉讼，并在此基础上进行亚类型划分。形成诉讼的典型形式是撤销诉讼。撤销之诉必须在1个月以内提起，期限开始计算以复议决定的送达为准[1]。在期限届满之后提起撤销诉讼是不适法的，法院拒绝受理。对于职务责任的请求时效是3年，该期限从请求权成立、受损者知晓确立请求权的事实和责任人时开始计算；行政法院处理基于后果清除请求权、公法合同的请求权等而提起的一般给付诉讼的时效问题，参照适用《民法典》有关请求权的时效规定，期限同于职务责任，即原则上是3年。

---

[1] 根据德国《行政法院法》第68条第1款的规定，原告提起撤销之诉之前，原则上必须先经过行政复议程序，即复议前置。只有一些法定的例外情形才无须复议前置。

在日本 2004 年修订的《行政事件诉讼法》规定中，抗告诉讼处于中心地位。抗告诉讼中的撤销诉讼必须自知道存在处分或裁决之日起 6 个月以内提起。起诉期间经过之后，对处分或裁决就不得提起撤销诉讼，行政行为产生不可争力。但当事人即使经过撤销诉讼的起诉期间后，也可以以该行政行为违法为由提起国家赔偿请求诉讼。日本《国家赔偿法》是作为《民法》上的不法行为的特殊规则而发展起来的，赔偿请求受民事损害赔偿请求权的消灭时效、除斥期间的规制。"现在大多数日本行政法学者认为，损害的赔偿，是着眼于因国家的违法行为导致现实损害这一事实而请求弥补的制度，因此，请求国家赔偿时，没有必要经过行政行为的撤销诉讼，可以直接提起该请求。也就是说，国家赔偿的请求，不受公定力及不可争力等行政行为的法律效力的妨碍。"[①]但对于像税务处分、养老金支付决定那类直接与金钱上的权利义务相关的处分例外，因为赔偿请求与这类特殊处分的法效果直接相矛盾。

我国台湾地区行政诉讼类型的划分与德国十分相似。撤销诉讼之提起，应于诉愿决定书送达后 2 个月的不变期间内为之。不知行政处分内容的最长起诉期限是 3 年，自行政处分作出之日起计算。国家赔偿案件在时效方面适用民事请求权消灭时效的相关规定，即自请求权人知道有损害时起，因 2 年间不行使而消灭，自损害发生时起，逾 5 年者亦同。在民事审理程序中，对于如涉及行政行为是否违法的问题以及违法行为与当事人损失之间是否存在因果关系等问题，民事法院可以一并审查认定。[②]

（二）英美法系国家的做法

英美法系国家由于未对法律作出公法与私法的二元化区分，但普通法院在审理民事案件和对行政行为进行司法审查时，在时效制度安排方面存在明显差异。

在英国，法律对针对行政机关的决定、命令不服申请司法复审（类似于大陆法系的撤销诉讼）的期限作出了特别的规定，即申请司法复审应在 3 个月之内提出，否则就是不适当的延误；在强制征收和控制土地方面，法律规定的申请期间更短，只有 6 个星期。而控告公共机构及雇员或代理人的民事侵权诉讼（类似于大陆法系的行政赔偿诉讼），自 1954 年修法后，统一受普通民事诉讼时效的约束。控告公共机构及其雇员或代理人的民事侵权诉讼，个人伤害起诉时限是 3 年，其他案例 6 年，如果是潜在伤害，从伤害显现时开始计算为 3 年。[③]

在美国，司法审查的普通起诉期限是 60 天，自该命令作出之后。关于控告政府侵权赔偿责任案件的时效问题，请求赔偿必须在损害发生后 2 年之内

---

① 杨建顺：《日本行政法通论》，中国法制出版社 1998 年版，第 657 页。
② 翁岳生编：《行政法（下册）》，中国法制出版社 2002 年版，第 1653 页。
③ [英] 威廉·韦德：《行政法》，徐炳等译，中国大百科全书出版社 1997 年版，第 347、419、486 页。

提出。行政机关收到当事人的赔偿请求后，6个月内不决定时，当事人可以不再等待而直接起诉。

归纳言之，两大法系几个主要国家或地区的立法例反映了一个共同的现象，即对于当事人提起撤销诉讼（司法审查）的起诉期限往往规定得很短暂，体现的是立法者或司法机关对行政效率的强调，注重的是法秩序的维护和稳定；而对于诸如赔偿请求之类的给付请求，其所适用的时效相对宽松得多，往往与该国或地区的民事请求权消灭时效相同，体现了立法者或司法机关对公平正义的强调，注重的是行政相对人合法权益的救济和弥补。

三、行政赔偿时效长于行政起诉期限的理由

关于行政相对人在起诉期限届满后是否仍然可以寻求赔偿救济的问题，学界讨论这个问题的著述非常少，而且基本持否定的意见。① 笔者对此问题持肯定的观点，即起诉期限届满后，行政相对人仍然可以在赔偿时效期间内主张相关行政行为违法，要求行政机关承担赔偿责任并寻求司法救济。主要理由是：

首先，起诉期限届满的法律效果是行政行为具有不可争力，即形式确定力。起诉期限届满之后，行政相对人便不能再对其提起撤销诉讼，消除该行政行为的效力（我国学理通说虽然认同无效等确认诉讼不受起诉期限的限制，但司法实践中此类诉讼仍按撤销诉讼对待，适用起诉期限的规定）。也就是说，该行政行为的法效果不再受攻击。由于在各种行政诉讼类型中，撤销诉讼具有优先适用性或排他性管辖的地位，即撤销诉讼居于中心关键地位，各国的立法也往往只明确地规定了撤销诉讼的起诉期限，对于课予义务诉讼等，有的国家或地区因立法规定提起该类诉讼必须行政复议前置，故在行政相对人经复议仍不服起诉时，必须参照适用撤销诉讼起诉期限的规定。而对于一般给付诉讼和确认诉讼，则均不适用撤销诉讼的起诉期限规定。而国家赔偿诉讼在性质上属于一般给付诉讼，在法理上应当适用请求权的消灭时效的规定。

其次，行政行为的公定力是一种有效推定而非合法推定。从理论上讲，

---

① 林莉红教授认为："如果受害人已经超过对具体行政行为的合法性问题提起诉讼的时效，但没有超过国家赔偿法所规定的两年时效，而赔偿义务机关又并未确认具体行政行为违法，受害人要求行政赔偿的，应如何处理？受害人是否有权提起确认程序？这种情况，行政诉讼法和国家赔偿法都未予以明确规定……如果允许受害人提起确认违法的程序，则意味着受害人可以对具体行政行为的合法性问题提出异议，从而将会使《行政诉讼法》《行政复议法》及有关法律、法规关于行政诉讼、行政复议时效的规定失去意义。起诉期限的规定是为了避免使具体行政行为长期处于不确定的、可受追诉的状态，保证行政管理的连续性、稳定性，维护行政机关行使职权的效率性。因此，在行政机关未对具体行政行为确认违法，而又超过具体行政行为的合法性审查时效的情况下，受害人丧失请求行政赔偿的权利。"参见林莉红：《行政诉讼法学》，武汉大学出版社2009年版，第269-270页。

行政行为公定力的性质是一种对有关主体产生一定法律效果的效力，而不是合法与否的问题。因此，行政行为的公定力是有效性问题，而不是合法性问题。行政行为的公定力是一种有效推定而非合法推定，这种认识更符合行政法治的发展趋势，符合公定力理论的历史发展演变进程。因此，起诉期限届满之后，虽然行政相对人不能争议该行政行为的效力，但可以在国家赔偿请求权消灭时效期间内，请求国家赔偿，主张该行政行为违法并造成其合法权益受侵害，要求行政机关依法承担国家赔偿责任。

再次，行政行为是否有效与是否违法并不必然一致。行政行为的合法与有效之间不能画等号。合法的行政行为是有效的，但有效的行政行为却并不必然合法。有些行政行为虽然违法，但基于司法裁判利益衡量的需要，并没有被依法判决撤销。在日本、我国台湾地区和我国大陆的立法例中，有关"情况判决"的规定充分地体现了这一实质法治与形式法治相统一的理念。根据我国《最高人民法院关于执行〈中华人民共和国行政诉讼法〉若干问题的解释》第五十八条的规定，违法的行政行为在特殊情况下虽然不撤销其效力，但行政机关必须采取相应的补救措施，并应承担相应的国家赔偿责任。在这种情况下，认定被诉行政行为违法并不涉及撤销问题，只涉及是否应予赔偿的问题。

最后，行政撤销诉讼中的违法标准与国家赔偿诉讼中的违法标准存在差别。行政行为违法是包括我国在内的多个国家承担行政赔偿责任的一个重要构成要件，其认定标准至关重要。我国目前的习惯做法是按《行政诉讼法》第五十四条的规定来界定"违法"，而且行政行为的违法必须先经过法院的行政诉讼程序来认定（除非行政机关自己确认违法并作出赔偿决定或者行政复议机关予以确认并决定赔偿），形成了目前国家赔偿责任的承担一般都要经过行政诉讼程序的局面。有学者认为，行政撤销诉讼中的违法与国家赔偿诉讼中的违法是不尽一致的，把作为国家赔偿责任负担条件的"违法"与作为司法审查标准的违法等同起来的认识和做法是不正确的，不利于对行政相对人合法权益的保护。从理论上讲，作为行政诉讼审查标准的违法，是建立在是否需要否定行政行为效力的衡量基础上的。被诉行政行为即使违反了法定程序等，也不一定都被认定构成违法并应当予以撤销。而作为国家赔偿责任构成要件的违法，则是出于在已经造成损害的情况下，是否有可归责于行为主体事由的考虑。[①] 由于行政撤销诉讼中认定的违法与国家赔偿诉讼中的违法是不尽一致的，因此，在行政撤销诉讼的起诉期限届满之后，只要行政相对人在国家赔偿时效内启动国家赔偿程序，主张行政行为违法，并提出赔偿请求，法院当然可以对相关的行政行为是否构成国家赔偿中的违法予以审查认定，并对赔偿请求作出相应的处理。

---

① 参见杨小君："国家赔偿"，载应松年主编：《当代中国行政法（下卷）》，中国方正出版社2005年版，第1845-1846页。

四、我国相关立法及评析

总体而言，由于在行政诉讼中，我国当前立法和司法奉行"撤销诉讼一体主义"①，导致本来仅适用于撤销诉讼等特定范围的起诉期限规定，被划一地适用于所有行政诉讼，适用空间过于宽泛，导致《国家赔偿法》有关赔偿时效规定的适用空间狭小，而且存在被弱化和虚化的可能，在一定程度上削减了行政相对人依法获得赔偿救济的机会。起诉期限届满后，行政相对人获得行政赔偿救济的机会微小，或者基本不存在。具体表现在：

首先，现有的制度安排限制了赔偿时效的适用空间。《国家赔偿法》第三十九条虽然规定了赔偿请求人请求国家赔偿的时效为2年，但结合《国家赔偿法》第九条第二款规定："赔偿请求人要求赔偿，应当先向赔偿义务机关提出，也可以在申请行政复议或者提起行政诉讼时一并提出。"和第十四条的规定："赔偿义务机关在规定期限内未作出是否赔偿的决定，赔偿请求人可以自期限届满之日起三个月内，向人民法院提起诉讼。赔偿请求人对赔偿的方式、项目、数额有异议的，或者赔偿义务机关作出不予赔偿决定的，赔偿请求人可以自赔偿义务机关作出赔偿或者不予赔偿决定之日起三个月内，向人民法院提起诉讼。"上述2年的时效是指行政相对人单独向赔偿义务机关提出赔偿要求的时效，赔偿请求必须经行政机关先行处理，行政相对人对行政机关的先行处理行为仍不服提起行政诉讼，已经转化为普通的行政纠纷，即对行政机关的答复结果或者消极不作为不服而提起的行政争议，适用的是起诉期限的规定而非赔偿请求时效的规定。

其次，违法确认前置进一步限缩了赔偿时效的适用。根据《国家赔偿法》第九条第二款的规定，《最高人民法院关于审理行政赔偿案件若干问题的规定》（以下简称《最高人民法院行政赔偿规定》）将行政赔偿程序划分为单独提出赔偿请求的程序和一并提出赔偿请求的程序，并规定了不同的起诉条件。② 行政相对人单独提起行政赔偿诉讼的，除了依法必须先向赔偿义务机关

---

① 所谓撤销诉讼一体主义是指由于撤销诉讼使用频率最高，对于行政诉讼目的的实现也是最基本、最重要，因而立法者对其的认识也最全面、最深入，以至于在观念上竟完全将其与行政诉讼等同起来，或者至少从未有意识地加以区分，由此导致的，在立法时，虽然必须有、事实上也确实存在多个诉讼类型，但仅仅对于撤销诉讼的适用对象、其他的适法性要件、判决方式和要件有相对清晰和完整的规定，并基本上将其一体性适用于其他诉讼类型的一种行政诉讼类型制度的状况。参见赵清林：《行政诉讼类型研究》，法律出版社2008年版，第89页。"我国现行行政诉讼法的制度设计也几乎都是围绕撤销诉讼而展开的，撤销诉讼一体主义的倾向极为明显。"见章志远：《行政诉讼类型构造研究》，法律出版社2007年版，第100页。

② 参见《最高人民法院行政赔偿规定》第二条、三条、四条、二十一条、二十三条规定。实践中，由于复议申请期限和起诉期限期间短暂而赔偿时效相对较长，因此，在一并提出赔偿请求的程序中，只要行政相对人在法定期限内申请行政复议或者提起行政诉讼，其所附带提出的赔偿请求往往不会发生时效适用方面的争议。

【行政诉讼理论】

提出之外，最重要的条件是：如果加害行为为具体行政行为的，该行为已被确认为违法。① 由于我国行政赔偿以加害行为违法为归责原则，因此，只要加害行为未经确认违法，自然应当走一并提出赔偿请求的程序。而在一并提出赔偿请求的程序中，关于赔偿时效的规定与复议申请期限、起诉期限规定的选择适用问题，《国家赔偿法》第三十九条作出了规定："在申请行政复议或者提起行政诉讼时一并提出赔偿请求的，适用行政复议法、行政诉讼法有关时效的规定。"根据上述规定，结合我国复议和诉讼实践，可以认为，凡是需要通过复议或者诉讼确认加害行为违法的，包括针对具体行政行为和行政事实行为等非具体行政行为在内，均属于一并提出赔偿请求的情形，均应适用《行政复议法》及《行政诉讼法》有关时效的规定。如此一来，2 年赔偿时效的规定只有在加害行为已经被确认违法的情况下才适用，空间非常狭小。

再次，确认请求必须遵守起诉期限规定，压缩和削弱了赔偿救济机会。《最高人民法院行政赔偿规定》第三条规定："赔偿请求人认为行政机关及其工作人员实施了国家赔偿法第三条第（三）、（四）、（五）项和第四条第（四）项规定的非具体行政行为的行为侵犯其人身权、财产权并造成损失，赔偿义务机关拒不确认致害行为违法，赔偿请求人可直接向人民法院提起行政赔偿诉讼。"也就是说，司法解释将加害行为区分为具体行政行为和非具体行政行为两类，行政相对人针对前者提出赔偿请求的，必须以具体行政行为已被确认为违法为必要前提，否则应通过一并提出赔偿请求的程序寻求救济；行政相对人针对后者提出赔偿请求的，可以在行政机关作出拒绝赔偿决定后直接向法院提起行政赔偿诉讼，并在诉讼中主张非具体行政行为违法和要求赔偿。但最高人民法院上述司法解释并未明确规定在这种情况下行政相对人主张非具体行政行为违法是否受起诉期限的限制②。据笔者了解，这种情况在司法实践中也往往被视为属于一并提出赔偿请求的情形，因此仍须遵守起诉期限的规定。这也许不符合最高人民法院司法解释的本意。但由于我国现行《行政诉讼法》并未对行政诉讼作类型化的规定，没有因应各种不同的诉讼请求设置不同的诉讼规则，在司法实践中，所有行政案件划一地适用撤销诉讼一元化的规则和标准进行审理，便是理所当然的事情了。由于受撤销诉讼一体主义的思维模式影响，目前在我国提起任何一起行政诉讼（包括针对行政事实行为等非具体行政行为提起行政确认诉讼和行政给付诉讼）均应遵守起诉期限的规定。也就是说，起诉期限届满之后，除非行政机关自己确认加害

---

① 《最高人民法院行政赔偿规定》第二十一条规定："赔偿请求人单独提起行政赔偿诉讼，应当符合下列条件：（1）原告具有请求资格；（2）有明确的被告；（3）有具体的赔偿请求和受损害的事实根据；（4）加害行为为具体行政行为的，该行为已被确认为违法；（5）赔偿义务机关已先行处理或超过法定期限不予处理；（6）属于人民法院行政赔偿诉讼的受案范围和受人民法院管辖；（7）符合法律规定的起诉期限。"

② 值得注意的是，此处所谈的起诉期限，是指针对加害行为即行政事实行为等非具体行政行为的起诉期限，而不是指针对行政机关拒绝赔偿答复（或决定）行为的起诉期限。

行为违法，否则行政相对人无法再针对加害行为寻求司法救济，也无从适用赔偿时效的规定。换言之，根据我国现行立法规定和司法实践掌握的标准，起诉期限届满后，行政相对人获得行政赔偿救济的机会非常渺小。

最后，赔偿时效起算时间点的修改与相关程序规则存在衔接困难的问题。《国家赔偿法》关于赔偿请求时效起算时间点的规定修改前后变化较大。根据1995年1月1日起施行的《国家赔偿法》第三十二条的规定，2年赔偿请求时效的起算时间点是"自国家机关及其工作人员行使职权时的行为被依法确认为违法之日"，与最高人民法院《行政赔偿规定》关于单独提出赔偿请求的程序规定能够衔接上。而2010年修订的《国家赔偿法》将原第三十二条的规定修改为第三十九条，修改后的规定虽然2年时效期间保持不变，但时效的起算时间点已修改为"自其知道或者应当知道国家机关及其工作人员行使职权时的行为侵犯其人身权、财产权之日"，根据上述修改后的文字表述之字面意思，2年赔偿时效不能等到加害行为被确认违法后才开始计算，而是应当从知道或者应当知道加害行为侵权之日（很有可能是从加害行为发生之日）起计算。如此一来，假如加害行为在发生2年之后才被有权机关确认违法或者行政机关自己承认违法，但此时2年赔偿时效已经届满，除非上述情况可以被认定为属于时效中止或中断的情形，行政相对人才能向赔偿义务机关提出赔偿请求，否则赔偿义务机关可以以赔偿请求时效已经届满为由拒绝赔偿。因此，修改后的赔偿时效规定与目前相关赔偿程序规定存在衔接上的困难，具体适用时存在被弱化的可能。

五、我国行政赔偿时效制度的完善建议

如前所述，两大法系几个代表性国家和地区的立法例和司法实践反映，多数国家和地区允许行政相对人在行政诉讼起诉期限届满之后，仍然可以在国家赔偿程序中主张相关行政行为违法，并请求给予国家赔偿，但行政相对人的赔偿请求内容与涉案行政行为的法效果直接相冲突的除外。我国应借鉴上述国家和地区的立法和司法实践经验，进一步完善我国行政赔偿救济的程序规则和时效规定，具体建议如下：

一方面，对现行行政诉讼规则进行诉讼类型化改造，明确规定撤销诉讼、课予义务诉讼、一般给付诉讼、确认诉讼等基本诉讼类型，完善包括行政赔偿诉讼在内的行政给付诉讼的时效规则。改变撤销诉讼一体主义的做法，根据起诉期限的性质和设计原理，合理规定起诉期限的适用范围，即通过立法明确规定起诉期限仅适用于撤销诉讼，由于行政机关拒绝行为产生的课予义务诉讼和一般给付诉讼也参照适用起诉期限的规定；因行政机关消极不作为、行政事实行为、行政合同等而提起的行政给付诉讼可以参照民事消灭时效予以规范，也可以考虑单独规定公法上请求权的消灭时效或者权利失效制度予以规范；行政确认诉讼不需要规定起诉期限等时效限制，而是通过诉的利益和确认诉讼的补充性规则防止原告滥用诉权。

另一方面，在诉讼类型化的情况下，合理设计行政赔偿诉讼程序，限制

起诉期限的适用范围，真正发挥赔偿时效的作用。即在行政赔偿诉讼程序的设计中，无须像最高人民法院《行政赔偿规定》那样将加害行为划分为具体行政行为和行政事实行为、消极不作为等非具体行政行为两大类行为区别对待，原则上所有加害行为均可一视同仁，无须先经过确认程序确认违法，无须适用起诉期限的规定，只要在赔偿时效期间内，行政相对人均可直接向赔偿义务机关要求赔偿，并主张加害行为无效或违法。行政机关拒绝赔偿或者处理期限届满后仍未作出赔偿决定的，行政相对人可以直接向法院提起行政赔偿诉讼，同时主张加害行为无效或违法，法院可以在审理行政赔偿争议案件时对加害行为是否违法问题一并予以审查确认。也就是说，在行政赔偿案件审理中，法院对加害行为的审查原则上不适用起诉期限的规定，只有在特殊情况下例外。特殊情况通常是指，行政相对人的赔偿请求直接被相关具体行政行为的效力所拘束的情形。譬如：行政相对人要求除去某项行政决定的处理结果，或者行政相对人的赔偿请求内容已经直接被行政机关养老金支付决定、税收决定等行政行为的效力所拘束，而针对这些决定的起诉期限已经届满，在这种情况下，行政相对人的赔偿请求显然与被诉具体行政行为的法效果相矛盾和相冲突，故可以适用起诉期限的规定对其赔偿请求予以驳回，或者直接驳回起诉。另外，鉴于行政撤销诉讼中的违法标准与国家赔偿诉讼中的违法标准存在实质性差别，而且在行政赔偿诉讼中，行政相对人主张加害行为违法往往只是作为支持其赔偿请求的事实根据，有些当事人的起诉状中列明的诉讼请求只有请求法院判决某赔偿义务机关给予赔偿一项，而没有将确认加害行为违法列入其请求事项，在这种情况下，根据诉判一致原则，法院可以仅对其赔偿请求能否支持作出判决，而对于加害行为是否违法的问题，可以在判决理由中予以阐明和认定，无须在判决书裁判主文中予以确认。

在现有的条件下，笔者建议，对于单独请求国家赔偿的案件，自然是适用2年的赔偿时效规定；对于起诉请求确认具体行政行为违法一并要求赔偿的，仍应受到起诉期限的规制；而对于起诉请求确认行政事实行为（如暴力执法、强制拆除等）违法一并要求赔偿的，则可考虑仅适用2年赔偿时效规定。

（作者单位：广东省高级人民法院）

【行政审判实务】

审视与探索：行政裁判文书说理的问题与进路探析

孔令媛

近年来，裁判文书说理作为司法改革的重要内容受到人们的普遍关注。但纵观理论界和实务界对裁判文书说理问题的研究，多侧重于刑事、民事领域，或多以刑事、民事裁判文书为模型探讨，对行政裁判文书的说理问题少有关注。[①] 而实际上，随着社会主义民主法制建设的深入推进，人民群众对行政诉讼制度保障公民合法权利、监督依法行政寄予了深厚期望。行政裁判文书作为行政裁判的书面载体，反映了行政审判活动过程，展现了人民法院对案件实体、程序问题所作的判断，实际充当了行政审判的公众代言人。但反观我国行政裁判文书，不说理、说理不充分、说理模式化的现象不在少数。那么，行政裁判文书说理有哪些区别于刑、民裁判文书的功能和特点，审判实践中说理不充分的具体表现如何，法官有意无意地忽略说理的原因有哪些，如何消解这些制约因素，改革和完善行政裁判文书说理机制，将是本文重点探讨的问题。

一、法理溯源：行政裁判文书说理的功能与特点

（一）行政裁判文书说理的功能定位

行政裁判文书说理具有表明司法审查权的公正运用、增强裁判可接受性、规范法官自由裁量权、促进行政法治发展等重要功能。

1. 表明司法审查权的公正运用。在司法公信力不高、有着司法与行政合一传统的中国社会，行政诉讼中的行政相对人总带有"官官相护"的深深疑虑。法官通过在裁判文书中充分说理将司法决策过程予以公开，反映了诉讼活动的程序公正、实体公正及审判机关的形象公正，表明了司法审查权的公

[①] 目前笔者通过中国知网检索到的关于行政裁判文书说理方面的文章，仅有两篇。一篇是闫尔宝、王勇："行政裁判文书说理水平尚待提高——焦志刚诉和平公安分局治安管理处罚决定案判决评析"，载《行政法学研究》2009 年第 2 期，以个案为切入点强调了行政裁判文书应以具体行政行为合法性为说理重点；另一篇是隋晓红、王丽波："浅谈加强行政裁判文书的说理"，载《黑河学刊》2006 年第 6 期，对行政裁判文书的法条引用和推理论证方法进行了论述。

正运用，有助于打消当事人"官官相护"的疑虑。

2. 增强裁判的可接受性。"司法判决的任务是向整个社会解释，说明该判决是根据原则作出的、好的判决，并说服整个社会，使公众满意。"① 行政诉讼当事人一方是处于弱势地位的行政相对人，一方是素质较高的政府官员，使他们心悦诚服地接受法院裁判并非易事，且行政裁判对行政权的行使具有导向性，只有通过充分说理才能够说服双方当事人和社会公众接受裁判结果。

3. 规范法官自由裁量权。行政诉讼中无论是证据、事实的分析论证，还是法律的解释适用，法官均拥有自由裁量的空间，充分说理有助于规范自由裁量权的运用。正如一位美国大法官所言："任何有过判决书写作经验的人都知道这一点。许多想法都是在要对它作出说明时才功亏一篑的，因为他们所借助的仅仅是被证明无法找到基础的外部因素。要求提出理由的义务正是想行使自由裁量权的法官们所面临的最主要的挑战之一。"②

4. 促进行政法治的发展。通过良好的法律解释实现正当的个案裁判对于行政审判而言，不仅仅具有市民社会权利保障的功利主义思路，还具有客观化政治价值的宪政意义。③ 行政法官通过充分阐释法理，以个案裁判的方式制约、规范公权力的运用，促进行政法律、政策的发展，并对社会公众进行守法教育和宣传，有助于推动一国的行政法治。

（二）行政裁判文书说理的主要特点

由于行政诉讼以具体行政行为合法性为审查对象以及由被告承担举证责任两大特征，在文书说理上表现出与刑、民裁判文书说理相异的鲜明特点。

1. 以具体行政行为合法性为核心展开说理。行政诉讼活动围绕审查具体行政行为的合法性展开，因此，无论证据采信、事实论证或法律阐释都围绕具体行政行为的合法性论证进行建构，紧扣合法性论证这一主题。

2. 重点围绕被告举证的证据进行说理。行政诉讼法的本质特征之一是被告对作出的具体行政行为负举证责任。被告所举证据是被诉具体行政行为合法性的证明和支撑。因此行政裁判文书重点剖析被告所举证据，以及如何通过所举证据证实被诉具体行政行为的合法性。④

二、问题审视：行政裁判文书说理的实证考察

（一）对行政裁判文书样式的考察：说理性要求不够明确、全面

现行行政诉讼法没有规定行政裁判文书的内容，目前实践中的行政裁判文书较为严格地遵循了 2004 年最高人民法院发布的《一审行政判决书样式

---

① 宋冰编：《程序、正义与现代化》，中国政法大学出版社 1998 年版，第 306－307 页。
② 转引自梁迎修：《法官自由裁量权》，中国法制出版社 2005 年版，第 93 页。
③ 张树义、张力："迈向综合分析时代——行政诉讼的困境及法治行政的实现"，载《行政法学研究》2013 年第 1 期。
④ 刘金华："行政裁判文书改革之我见"，载《行政法学研究》2002 年第 1 期。

（试行）》（以下简称《样式》），包括作为类、不作为类和行政赔偿类3种样式。司法实践中，作为类案件占行政诉讼案件的绝大多数。一审作为类行政裁判文书包括首部、事实、理由、判决结果和尾部五大部分，事实、理由和判决部分为："经庭审质证（或交换证据），本院对以下证据作如下确认：……经审理查明，……（经审理查明的案件事实内容）。本院认为，……（运用行政实体及程序法律规范，对具体行政行为合法性进行分析论证，对各方当事人的诉讼理由逐一分析，论证是否成立，表明是否予以支持或采纳，并说明理由）。依照……（写明判决依据的行政诉讼法以及相关司法解释的条、款、项、目）之规定，判决如下：……"上述表述提出了行政裁判文书说理的基本要求。

笔者认为《样式》对行政裁判文书说理的要求不够明确、全面。首先，没有提出证据说理要求。说理性要求集中在"本院认为"部分，而没有明确和强调证据的分析认证，给人似乎不必说理的印象。而实际上，《最高人民法院关于行政诉讼证据若干问题的规定》（以下简称《证据规定》）第四十九条第一款明确要求"法庭在质证过程中，对与案件没有关联的证据材料，应予排除并说明理由"，第七十二条第二款要求"人民法院应当在裁判文书中阐明证据是否采纳的理由"。而这些要求在《样式》中没有体现。其次，裁判理由的说理方法列举不全。"运用行政实体法和程序法规范"仅是法理论证方法，而除了法理论证方法，行政裁判文书还可以充分运用事理、学理、情理等多种论证方法进行说理。仅列举"运用行政实体法和程序法规范"似有限制说理方法之嫌。最后，未对裁判方式的选择提出要求说理。"本院认为"部分仅要求对"具体行政行为的合法性""各方当事人的诉讼理由"进行分析论证，没有对裁判方式的选择提出说理要求。而实际上，由于行政诉讼并不遵循诉判一致原则，法院最终作出的裁判与当事人的诉讼请求可不相对应，且法官对裁判方式的选择享有一定的裁量空间，如同样是违法的具体行政行为，法官可选择撤销、确认违法或无效三种裁判方式，只有通过充分说理才能使当事人真正认同法院的裁判，而《样式》并未对裁判方式的选择提出说理要求。

（二）对行政裁判文书说理的文本考察：说理不充分的实践样态

为一探实践中行政裁判文书说理的面相，笔者从所在的H市中院和基层法院随机抽取了2011年到2013年行政裁判文书共100份（不含撤诉案件），对文书说理状况进行了细致考察，其中说理充分的83份，说理不充分的16份，说理存在严重错误的1份。总体看来，发现的问题可归纳为以下几类：

样态一："被忽略"的证据采信

调研中笔者发现，证据采信说理的忽略是行政裁判文书说理不充分的一大顽疾。16份说理不充分的行政裁判文书中，有10份存在证据分析、认证说理不足的问题，表现为证据未认证、无质证意见直接认证、原告方证据缺失、列举证据无证明目的、以证据"三性"的说明替代证明力的说理等。缺少了证据采信理由的支撑，文书事实建构与裁判理由的当事人认同度可想而知。

样态二："简单化"的事实论证

事实论证的简单化是指从裁判文书中看不出从证据推导出案件事实的论证过程或论证过于简单。16份说理不充分的行政裁判文书中，有6份存在事实论证不充分的现象，主要表现为：直接引用行政机关作出行政决定认定的事实、对争议事实未认定、事实表述的不确定等。如某规划行政处罚案件中，在原、被告双方均未举证证明原告违法建筑超出规划许可的实际范围，法庭亦未组织调查的情况下，直接以行政处罚决定书中载明的"南北长13.8米，东西宽1.82米的违法建设"作为法庭认定的事实，存在明显的主观臆断。

样态三："模式化"的合法性说理

目前的行政裁判文书中，虽然不乏一些说理透彻、论证严密的优秀文书，但大部分行政裁判文书的说理较为平直和"模式化"，表现为：合法性论证仅围绕被告是否具有法定职权、被诉具体行政行为是否符合法定程序、认定事实是否清楚、主要证据是否充分、适用法律、法规是否正确等具体行政行为合法性的基本要素进行阐述，或由"事实清楚、证据充分""程序合法""符合法律、法规的规定"等套话拼凑而成，对原告诉讼请求、诉辩理由的回应不够，针对性不强，表现出过度的要素化、程式化，甚至有的驳回原告诉讼请求的判决，也不对原告诉求进行释明回应。从中看不出法官的办案思路和逻辑推理的过程，更谈不上充分运用各种论证方法对裁判理由进行阐释。

样态四："隐晦"的判决方式选择

行政诉讼判决方式包括撤销、履行、变更、驳回原告诉讼请求、确认（合法、有效或违法、无效）等方式，《行政诉讼法》和《最高人民法院关于适用〈中华人民共和国行政诉讼法〉若干问题的解释》（以下简称《解释》）对每种判决方式的适用情形均作出了具体规定，法官在选择适用判决方式时应适当说理。但调研中笔者发现，法官对判决方式进行说理的不多，如原告要求撤销具体行政行为，法院最终依据"撤销该具体行政行为将会给国家利益或者公共利益造成重大损失"作出确认违法判决，但未对"给国家利益或者公共利益造成重大损失"进行充分说理；又如，原告要求变更行政行为，但最终法院判决撤销，但未对未采用变更的判决方式予以说理。总体来看，判决方式的选择显得较为"隐晦"和"神秘"。

（三）对行政裁判文书说理效果的考察：上诉率的升高和促进行政法治发展功能的萎缩

考察行政裁判文书说理的效果可从两个层面进行考察：一是当事人层面，即诉讼双方当事人对文书说理是否认同、信服，文书说理是否起到了定分止争的作用；二是整个社会层面，即文书说理促进行政法治发展的效果如何。

关于第一个层面，笔者通过考察所在H市中院2011年至2013年审结的行政上诉案件，发现行政裁判文书不说理、说理不充分是行政案件上诉的重要诱因（具体见表1）。究其原因，由于行政诉讼矛盾的尖锐性，说理不充分的裁判文书难以说服诉讼双方当事人，且随着公民权利意识的提高，相当一部分行政诉讼当事人仅为了"讨个说法"都会进行上诉,由此导致了行政案件上诉率的升高。

表1:2011—2013年H市中院审结的行政上诉案件涉说理因素情况表

年度	上诉案件数	上诉理由包含一审裁判文书不说理、说理不充分			
		合计①	证据分析认证	事实论证	法律阐释
2011	69	37	22	9	13
2012	83	49	26	11	16
2013	115	71	33	18	25

关于第二个层面,不说理、说理不充分实际造成了行政裁判文书促进行政法治发展功能的萎缩。由于多数法官只注重保证裁判结论的正确,或只注重表面形式上的自圆其说,而较少顾及和考虑说理从法律解释与法律适用角度对诉讼双方行为尤其是具体行政行为的评判、指导意义,因此,行政裁判文书通过说理促进行政法治发展的功能未充分发挥。笔者通过对H市两级法院10名行政法官进行访谈及对50名涉诉行政案件当事人(包括行政相对人和行政主体诉讼代理人)发放调查问卷,发现80%的法官、74%的诉讼当事人认为行政裁判文书说理对行政主体、行政相对人行为的规范、引导作用有限,甚至8%的诉讼当事人认为没有作用。

(四)对行政裁判文书说理替代性载体的考察:司法建议应否补位行政裁判文书说理

作为一种柔性规范,司法建议在行政审判中被广泛使用,发挥了促进行政法治发展、实现司法与行政良性互动等积极作用。但正如有的学者所忧虑的,"如果大量的违法行为以司法建议的弱强制力来应对原被告两者之间强烈的对立和摩擦,而让行政判决缺位,这无疑是危险的。"②笔者通过对H市法院近三年来发送的司法建议进行考察,发现从数量上看,行政诉讼案件发送司法建议数逐年上升,2013年达到每4.6件案件发送1份司法建议,远超过刑事、民事案件发送司法建议水平(具体见表2);从内容上看,相当一部分行政诉讼案件发送的司法建议实际充当了文书说理的替代性载体。笔者试举一例:某行政强制拆除案判决理由部分表述为"综上所述,被告××县政府强制拆除行为适用法律正确,程序合法",之后判决驳回原告诉讼请求。但在向该县政府发送的司法建议中则写道:"审理中发现你府在对原告××住房实

---

① 因部分一审文书在证据分析认证、事实论证、法律阐释等多方面存在说理不足问题,因此合计数小于分项数量之和。

② 黄学贤、丁钰:"行政审判中的司法建议制度运行分析",载《行政法学研究》2011年第3期。

施行政强拆过程中程序存在以下瑕疵：1. 依据……的规定，你府在决定对原告居住房屋进行强制拆除后，未提前15日通知并动员原告自动搬迁。2. 你府在组织强制拆迁当日，未书面通知原告××到达拆迁现场……"程序瑕疵实为法院未予维持而判决驳回原告诉讼请求的理由，但在裁判文书中却未予阐明。类似的司法建议在实践中不在少数，以不公开的司法建议替代文书应有的说理，超越了司法建议本身的职能，亦是对司法裁判权的放弃，结果只会催生公众"司法不公"的深深疑虑。

表2：2011—2013年H市法院行政诉讼案件发送司法建议情况表

年度	行政诉讼案件发送司法建议数	行政诉讼审结案件数	全市法院发送司法建议数	全市法院审结案件数
2011	47	497	349	60951
2012	96	589	499	62723
2013	97	444	512	70826

三、原因解读：行政裁判文书说理问题的深度透视

（一）理念因素

1. 传统职权主义诉讼模式对行政裁判文书说理理念的影响。近年来，我国行政诉讼模式完成了从职权主义向当事人主义的转变，庭审的对抗性得到强化，而法院的职权主义因素得到弱化。但行政法官的说理理念并未随之充分转变，相较民事法官，行政法官在证据分析认证、事实论证、法律阐释过程中体现出更为浓厚的职权主义色彩，表现为对争议焦点、诉辩理由回应少，文书说理充斥着"以权压人"的空话、套话。

2. 重视具体行政行为合法性说理，轻视证据、事实的分析论证。具体行政行为的合法性说理固然是行政裁判文书说理的重点，但一些法官因此而忽视了对证据、事实的分析论证，认为证据、事实的分析论证不重要，在说理上显得十分简单、粗糙。

（二）环境因素

1. 行政诉讼司法审查面临的现实困境。一是社会的深刻转型变革使行政诉讼司法审查面临谦抑与能动的"进退维谷"。当前中国正处于社会转型期，各种矛盾层出不穷，行政权力与公民权利间的摩擦不断，客观上要求行政审判有所作为，充分发挥其法律功能、政治功能。而行政争议专业性、技术性的特点以及行政诉讼固有的有限审查原则，又使得司法审查权在处理各种行政争议时表现得十分克制和谦抑。如何发挥行政审判能动作用，同时保持应有的谦抑和克制成为当前行政审判面临的难题。二是司法权威不高、司法的地方化严重制约了行政诉讼司法审查权能的发挥。在当前中国的政治体制和

司法体制下，行政权的强大、司法权的弱小是不容忽视的基本事实。① 司法机关不独立，法院的人、财、物均受制于地方政府，由此产生了严重的司法地方化、部门利益化，导致行政审判监督依法行政的职能严重受挫。上述因素体现到行政裁判文书说理中，就表现为"不敢说""不能说"。

2. 行政诉讼法有待完善。现行行政诉讼法对行政裁判文书的内容未有规定，更未提及文书说理的具体要求，导致了实践中说理要求、内容的模糊，有必要通过行政诉讼法的修正对行政裁判文书说理的要求、内容予以明确。

（三）制度因素

1. 行政裁判文书说理的制度规范不完备。目前关于行政裁判文书说理的制度规范只见于 2004 年最高人民法院发布的《样式》，《最高人民法院关于行政诉讼证据若干问题的规定》第四十九条、第七十二条关于阐明证据采信说理的规定，以及《人民法院五年改革纲要》、《法官行为规范》中对裁判文书说理的宏观规定。上述规范性文件提出的说理性要求不够明确和全面，标准不够严格，尤其是技术规范欠缺，缺乏应有的指导性。

2. 审判权内部运行制度的缺陷导致法官权责分离。法院现行的审判权内部运行机制仍然是院、庭长审批制、审委会定案制，法官很少独立定案，造成审者不判，判者不审。法官不参与决策使得法官心理上产生惰性，裁判文书的制作自然敷衍了事，多堆砌事实、证据代替判案理由的阐述。

3. 缺少文书说理的约束和激励机制。目前的案件质量评查制度并未将裁判文书说理作为评定案件质量的要素，不说理或说理不充分的责任不明确，没有形成制度性的约束机制。仅有的裁判文书评查对法官的业绩考评影响不大，正面激励作用不够。

4. 缺乏应有的职业保障机制。行政裁判文书的说理对象是具体行政行为，一方当事人是享有行政权力的行政主体，说理中还可能涉及对内容庞杂的行政实体法规范进行审查评价，尤其是需要通过健全的职业保障制度保障法官敢于说理。但反观我国行政法官职业保障机制，无论是独立审判地位、薪酬待遇，还是安全保障等都与依法履职的要求不相匹配。据有关调查显示，行政法官在作出裁判时担心得罪行政机关的占到 54.4%，② 可见其职业保障机制亟待健全。

5. 行政审判中的司法建议制度有待规范。行政审判中的司法建议是指对不属于自己权限范围的事项向行使行政职权的有关主体提出改进的意见、建议，是法院参与社会管理创新的一种方式。但实践中行政审判司法建议存在

---

① 张树义、张力："迈向综合分析时代——行政诉讼的困境及法治行政的实现"，载《行政法学研究》2013 年第 1 期。

② 参见林莉红、宋国涛："中国行政审判法官的知与行——行政诉讼法实施状况调查报告·法官卷"，载《行政法学研究》2013 年第 2 期。

定位不够准确、内容不够规范、审查不够严格等问题，导致司法建议"变形"为文书说理的替代性载体。

（四）主体因素

1. 法官的功利思想。行政争议具有矛盾尖锐、双方对抗性强等特点，本质上是权力与权利之间的博弈，一旦说理不慎，可能造成双方的强烈摩擦，甚至将矛盾引向法院，因此法官"言多必失"的趋利避害心理更为强烈。对于行政机关的违法行为，剖析深入了担心会给行政机关"丢面子"，瑕疵行为能不提则不提，涉及某类行政管理制度的尽量减少开放性论证等。

2. 法官说理的技术水平不高。一是说理定式思维的局限。习惯于将类案的说理逻辑模式化，缺乏对案件个性化论证焦点的关注。二是说理详略把握不当。对具体行政行为的全面审查演变为了说理上的面面俱到，没有突出对有争议的证据、事实和法律问题进行说理。三是说理方式、方法单调。多以行政法律、法规的法条规定为核心进行原理式论证，少有辨析式、推理式论证；多事理、文理论证，少法理、学理、情理论证。

四、进路探析：行政裁判文书说理的完善路径

（一）理念重塑：树立重过程论证、全面论证、对话式论证的说理理念

1. 重视裁判的过程论证。过程论证反映了司法决策的过程，是老百姓最想了解也是法官最应当着重阐明的。它要求证据的取舍应体现行政诉讼举证责任的分担、当事人举证、质证、法庭认证的动态过程，以及根据证据的证明目的、证明力作出的分析判断；事实论证应由法庭认证的证据推导而出；裁判理由的阐释应体现法律解释适用、逻辑论证的过程。

2. 树立全面说理理念。全面说理不是要求面面俱到，而是要在强化具体行政行为合法性论证核心的同时，加强对证据、事实的说理。证据和事实是行政裁判文书说理的"物料"，是具体行政行为合法性论证的依托，也是案件个性化的精华所在。[1] 应彻底改变行政裁判文书只重合法性论证，忽视证据、事实说理的现象。

3. 探索对话式文书说理的理念。在文书说理中充分反映当事人主义诉讼模式的特征，对当事人的质证意见、争议焦点、诉辩理由及时进行回应和说明；增强文书说理的理性商谈与对话色彩，避免"以权压人"的空话、套话。

（二）环境优化：探索多元纠纷化解机制，缓解结案压力与深入推进司法体制改革

1. 探索多元纠纷化解机制。在案件数量迅速增长的情况下，行政法官人数并没有成比例地增加，法官承受着巨大的办案压力，因此要求法官按期结案，并在每一个案件的判决书中全面地分析证据、事实和法律，详尽地阐述

---

[1] 沈志先主编：《裁判文书的制作》，法律出版社2010年版，第234页。

判决理由，法官面临巨大的工作量。因此有必要探索多元纠纷解决机制，强化与行政机关、基层组织的联动联调，促进行政纠纷的分流解决，有效缓解行政法官的审判工作压力，为法官在行政裁判文书中充分说理营造良好环境。

2. 司法体制改革的深入推进。一是通过深化司法体制改革促进司法独立。独立而有权威的司法机关是行政诉讼正常运行的必要条件。① 党的十八届三中全会通过的《中共中央关于全面深化改革若干重大问题的决定》对深化司法体制改革作了全面部署，其中省级以下地方法院、检察院人财物统一管理正是促进司法独立，去除司法的地方化的重要举措，这项制度的真正贯彻落实将极大地提升司法的独立地位，为司法权对行政权的监督提供良好的制度环境。二是通过设立行政法院，切实发挥行政审判职能作用。由于行政法院具有的独立性、专业性和公平性等特殊优势，设立专门行政法院系统几乎成为所有大陆法系国家普遍采用的模式。② 在我国设立行政法院不仅可以改变行政审判因专业性的局限而带来的过度谦抑，发挥行政审判能动作用，还有助于提升行政审判的独立地位，改善行政法官说理环境。

（三）制度保障：健全文书说理的制度与机制，准确定位行政审判中的司法建议制度

1. 完善行政裁判文书说理的制度规定。由最高人民法院出台规范行政裁判文书说理的制度规定，对证据、事实、裁判理由、说理的内容、要求、标准、方法等进行具体、全面的规定，突出规范性和指导性，并发布文书说理典型样式，供法官在实践中学习参考。

2. 健全文书说理保障机制。一是深化审判权内部运行机制改革。通过去除审判权运行中的"行政化"，将裁判权还权于合议庭、独任审判员，改变合议庭、独任审判员定案职能虚化现象，保障法官的权、责相统一。法官的裁判地位得到了保障，"不想说"的现象必然得到改观。二是健全法官职业保障机制。首先，应保证行政法官不因正确说理受到来自系统内外的责任追究，其次，法官的薪酬、职级待遇等应有明确的标准并得到充分保障，法官的工作量以及绩效考评应进行科学合理设置，切实消除法官说理的后顾之忧。

3. 健全文书说理的约束、激励机制。约束机制包括建立不说理、说理不充分的倒查机制，将裁判文书不说理或说理不充分作为案件质量评查、裁判文书评查的重要标准，凡因说理原因导致案件被上诉、申诉、信访的，追究承办法官相应责任；强化文书公开机制，建立裁判文书上网和公开查阅制度，将司法公开作为文书充分说理的重要监督手段，定期组织社会公众对上网文书说理状况进行评价。

激励机制包括加大对文书说理的司法投入力度，改变过去重效率、不重

---

① 马怀德："行政审判体制重构与司法体制改革"，载《国家行政学院学报》2004年第1期。

② 江必新："中国行政审判体制改革研究"，载《行政法学研究》2013年第4期。

说理的做法，减轻效率指标的考核比重，让法官乐于在裁判文书说理方面花费时间和精力；完善优秀裁判文书评比制度，并建立相应的奖励机制，对被评为说理充分的优秀文书，不但给予物质奖励，还作为法官遴选、晋升的优先条件；强化指导性案例的指导、示范作用，以此来带动法官在说理时不仅关注个案本身是否得到了良好、恰当的处理，还更多地关注这个判决对于未来司法的意义，以此来促进文书的充分说理。①

4. 准确定位行政审判中的司法建议制度。行政审判中的司法建议制度应定位于发挥司法能动作用、推进社会管理创新的方式，而非判决说理的替代性载体。"能动司法不是突破法律，也不是随意盲目司法；能动司法需要高度重视司法自律和自限，必须确保在法制的轨道上进行，必须遵循司法工作的客观规律，坚持司法的基本特征，恪守人民法院的权力分工和职责范围，要做到坚持底线、进退有度。"② 超越了职能定位的司法建议缺失了司法建议的正当性基础。应当通过加强对司法建议内容的审核把关、规范适用范围来杜绝司法建议的"越位"。

（四）技术提升：策略的调整与说理方法的改进

1. 繁简分流——立足案件繁简说理的调整。《行政诉讼法》第八十二条规定，对于事实清楚、权利义务关系明确，争议不大的第一审行政案件，可适用简易程序，对于这部分简单案件，裁判文书中应适当简化说理；对当事人争议较大、法律关系较复杂、社会关注度较高的一审案件，以及所有的二审案件、再审案件、审判委员会讨论决定案件，裁判文书中应加强说理。

2. 主次分明——立足文书特点的调整。合法性说理是行政裁判文书说理的灵魂。行政裁判文书无论在架构上还是篇幅上，法官均应着重对具体行政行为的合法性进行论证说理，相关证据、事实要素的建构和说理均应围绕和服务于具体行政行为的合法性论证，与合法性论证相关的详细论证，无关的则能简就简，避免主次不分、详略不当。

3. 去"模式化"——立足说理风格的调整。去除合法性论证的"模式化"，摆脱定式思维，是行政裁判文书风格转变的关键。证据和事实的说理应体现案情特点，而不是针对同类性质案件泛泛而谈；法律适用的阐释应突出法官的办案思路和逻辑推理过程，甚至在更高层次上体现出法官的办案风格与行文个性；应将争议问题的说理作为个性化论证的"突破口"，加强说理的针对性。

4. 灵活多样——说理方法的改进。不拘泥于从行政法律、法规出发的原理式论证方法，综合运用推理式、辨析式等多种推理论证方法，增强论证的逻辑性。加强对法律的解释，对抽象的法条蕴含的法律原则、法律精神及为什么能够适用于特定的案件进行高度阐明。注重法理、学理、情理等多种说

---

① 马明利："裁判文书的说理激励机制问题研究"，郑州大学2007年硕士学位论文。
② 江必新："能动司法：依据、空间和限度"，载《人民司法》2010年第1期。

理方法的运用和融合,加强情理的运用,注重对弱势行政相对人的人文关怀,注意文字表达中的衡情酌理。善于发现当事人诉讼背后的真实目的,并在说理中有所侧重,以减少行政裁判与当事人之间的疏离。

(作者单位:江苏省淮安市中级人民法院)

免予公开政府信息行政案件的裁判标准和审查方式

陈 磊

《中华人民共和国政府信息公开条例》（以下简称《条例》）第十四条第四款规定："行政机关不得公开涉及国家秘密、商业秘密、个人隐私的政府信息。"除了上述三项免予公开的政府信息以外，《条例》第八条还规定："行政机关公开政府信息，不得危及国家安全、公共安全、经济安全和社会稳定。"

一、"涉及国家秘密"政府信息之司法审查

所谓国家秘密，是指关系国家的安全和利益，依照法定程序确定，在一定时间内只限一定范围内人员知悉的事项。[①] 涉及国家秘密的政府信息在任何国家都被确定为公开的强制例外信息，我国也是如此。

（一）"国家秘密"司法审查之度

1. 不作实质审查

在陈某诉某市卫生局政府信息公开案中，原告要求获取一份医政文件信息。被告研究后认为该文件应按规定进行加密处理，遂答复陈某该文件信息为保密文件，不予公开。诉讼中，法院查明，在本案开庭前，原告在某区法院查阅一起案件的电子卷宗时，在正卷证物袋内看到该医政文件，并自行拍摄了该文件内容。[②]

该案中，陈某申请的政府信息是否属于保密文件？法院应如何进行审查？一种观点认为，法院只能审查保密标识和保密程序，不能进行实质审查。另一种观点认为，法院可以对涉密文件内容作一定实质审查。在对涉及国家秘密的政府信息的司法审查方面，国际上的一般做法是，法院对于国家秘密尤其是国防和外交事项，应当尊重有权机关的判断，不能进行实质审查，也不要求行政机关提供这方面的文件。笔者认为，法官只是法律问题的专家，对于国家秘密的设定不具有智识上的优势，难以完成实质审查的工作。同时，我国《保守国家秘密法》对于国家秘密的知悉范围有着严格的限定，一般情

---

① 参见周汉华主编：《我国政务公开的实践与探索》，中国法制出版社2003年版，第201页。

② 参见上海市静安区人民法院（2010）静行初字第114号行政判决书。

况下，不可能将法官或者法院列为国家秘密的知悉范围，因此，法院不应对国家秘密进行实质内容上的审查。本案中，由于原告申请公开的政府信息已经被公众知悉，且在原告提出申请时，该文件并没有被定为国家秘密，因此，法院可对该文件内容进行审查。

2. 可对定密进行审查

法院对国家秘密的内容不进行实质性审查，但可以对定密机关的主体资格、定密程序、定密方式和保密期限进行审查：第一，定密主体方面，定密机关如果超越行政管理职权，则对其设定的国家秘密，法院不予认可。第二，定密程序方面，不按照法定程序定密的，不得以涉密为由拒绝公开。第三，定密方式方面，不按国家法定要求进行标识的，不予认定为国家秘密。第四，保密期限方面，保密期限届满而自行解密的，不作为国家秘密对待。

（二）"国家秘密"之司法审查方式

《最高人民法院关于行政诉讼证据若干问题的规定》第三十五条第一款规定："证据应当在法庭上出示，并经庭审质证。未经庭审质证的证据，不能作为定案的依据。"在审理涉及国家秘密的政府信息公开案件时，原告如果对定密行为表示异议，法院该如何组织质证？如果对涉密文件公开质证，则可能使国家秘密公之于众；而如果不进行质证，则涉密文件不得成为定案依据。《最高人民法院关于审理政府信息公开行政案件若干问题的规定》第五条第四款规定："被告能够证明政府信息涉及国家秘密，请求在诉讼中不予提交的，人民法院应当准许。"对此，最高人民法院行政庭副庭长李广宇指出，准许被告在诉讼中不提交涉及国家秘密的信息，是在一般情况下而言的，在确有必要时，人民法院仍然可以要求被告提供秘密文件。① 笔者认为，此时对可能的秘密文件的司法审查方式，既要对行政机关的定密行为进行适度审查，又要防止泄露国家秘密。

1. "暗室审查"不可用

在信息公开诉讼中，如果允许双方当事人对申请材料是否属于国家秘密进行质证，则将有可能向原告泄露秘密，从而违背法律的规定。如果由行政机关提供给法院进行审查，可以由法官在办公室内单独完成，这被称之为"暗室审查"或者"法官办公室审查"。②

但是，我国相关的法律规范没有赋予法院秘密审查文件的权力。法官是否可以审查涉密文件的内容，尚值得商榷。如法官直接审查涉密文件，则法官自身亦将成为涉密主体，反而会在一定程度上束缚法官未来行为。并且，是否属于保密范围，属于何种保密性质，法官不能以司法判断取代有关部门的行政判断。笔者认为，在我国目前的法律制度下，在政府信息公开案件的

---

① 参见李广宇：《政府信息公开司法解释读本》，法律出版社 2011 年版，第 179 页。
② 参见赵正群、宫雁："美国的信息公开诉讼制度及其对我国的启示"，载《法学评论》2009 年第 1 期。

审理过程中，尚不能采用暗室审查的方式对政府信息是否属于国家秘密进行审查。

2. 可能的审查质证方式

在涉密信息公开案件的证据审查中，可以尝试从以下几个方面进行审查：第一，信息载体具有保密印章、保密审查结论或保密部门的审定意见的，法官可以审查保密印章或相关结论、意见，并将有关信息内容隐去后，供原告质证。第二，行政机关已经制定定密目录清单的，法官可以审查定密目录清单等证据，并交原告质证。第三，法官可以要求被告提供其信息公开工作机构保密审查的程序及结论意见方面的证据。第四，如果确实无法确认是否属于保密范畴的，可以考虑根据保密法的有关规定，提交其上级主管部门或国家保密部门进行审查，并提供审查结论，交原告进行质证。

二、"涉及商业秘密和个人隐私"政府信息之司法审查

(一) 商业秘密之司法认定

在曹某诉某区房屋土地管理局政府信息公开案中，原告曹某要求被告某区房屋土地管理局公开某地块的土地使用权出让合同。被告认为，土地使用权出让合同中含有涉及受让人的财务状况等内容的信息，受让人不同意公开该信息，该信息属于商业秘密，故被告未向原告公开该信息。① 在该案中，被告仅以申请的信息中含有受让人的财务状况为由，即认定该信息属于商业秘密。实际上，《条例》及司法解释并没有对商业秘密的认定标准作出规定，实践中，行政机关对于商业秘密的界定比较宽泛，缺乏统一的认定标准。一些行政机关认为，只要政府信息涉及第三方，该信息就属于涉及商业秘密。

在我国，从法律层面对商业秘密作出规范的是《反不正当竞争法》，该法第十条第三款将商业秘密规定为"不为公众所知悉、能为权利人带来经济利益、具有实用性并经权利人采取保密措施的技术信息和经营信息"。笔者认为，法院在审理政府信息公开案件过程中，对于商业秘密的认定，可以参照《反不正当竞争法》关于商业秘密的判断标准，从以下方面进行审查：第一，"秘密性"之审查，即审查有关信息是否已经为公众普遍知悉。第二，"价值性"之审查，即审查该信息是否具有现实或者潜在的商业价值。第三，"保密性"之审查，即审查权利人对该信息的保密意愿和保密措施。

(二) 个人隐私之司法认定

在凌某诉某区房屋土地管理局政府信息公开案中，原告凌某要求公开某地块拆迁许可证的申请登记表。被告认为，申请登记表上载有拆迁公司工作人员陆某的个人身份信息，属于涉及个人隐私的信息。② 在案件审理过程中，

---

① 参见上海市静安区人民法院（2007）静行初字第59号行政判决书。
② 参见上海市徐汇区人民法院（2007）徐行初字第84号行政判决书。

争议焦点集中在个人身份信息是否属于个人隐私。

实践中,涉及个人隐私的政府信息公开或不公开决定具有相当的不确定性。在我国,一般认为涉及个人隐私的信息主要是指有关个人材料,如人事、医疗、收入等涉及个人身份、名誉和财产状况的信息。[①] 美国对隐私权的判断,是从将个人隐私排除出信息公开范围的目的出发:一是避免可能引起尴尬的事实的披露;二是免于被骚扰的自由。第一类所保护的隐私信息,包括过往的生活史、个体的特殊爱好、私人交往情况以及个人生活的私密细节等。第二类所保护的隐私信息较为广泛,包括有关人员的联系方式、住址、收入、财产状况、婚姻状况等,在许多情况下甚至包括他们的姓名和身份。对于不同类型的人员,不同信息保护的力度是不同的。[②] 笔者认为,在政府信息公开案件的审理中,应针对特定个人的信息,结合其身份情况,作关于隐私权的解释,比如公众性人物隐私权的范围相对于一般公民要小。需要指出的是,并非所有的个人信息都构成个人隐私,对个人信息的保护不能超出合理的限度而给公众的知情权带来伤害。至于是否超出合理限度的判断标准,则需要法官在个案审理过程中结合法律规定和常人的生活经验予以判断。

(三)意见征询程序的审查

《条例》第二十三条规定:"行政机关认为申请公开的政府信息涉及商业秘密、个人隐私,公开后可能损害第三方合法权益的,应当书面征求第三方的意见;第三方不同意公开的,不得公开。"按照这一规定,当当事人申请公开涉及商业秘密、个人隐私的政府信息时,行政机关不能自主决定不予公开,而是应当在向第三方征询意见以后再作出公开与否的决定。对意见征询程序的司法审查,应当从以下几个方面进行:(1)行政机关是否发出书面征询意见通知。(2)第三方是否收到了征询意见通知。(3)行政机关是否为第三方设定了合理的答复期限。(4)第三方是否答复及答复内容。

(四)公共利益之司法衡量

根据《条例》第二十三条的规定,行政机关认为不公开(商业秘密、个人隐私)可能对公共利益造成重大影响的,即使第三方不同意公开,也应当予以公开。这说明如果与隐私权相对的公共利益足够重要,商业秘密和个人隐私应当给公共利益让步,行政机关应当对此进行衡量。但是,如果行政机关应当进行衡量而没有衡量的,法院是否可以主动进行衡量,衡量的标准是什么?

1. 法院有权对该利益主动进行衡量

针对行政机关怠于进行公共利益衡量的情况,最高人民法院行政庭副庭

---

① 参见梁凤云:"政府信息公开与法院司法审查",载《人民司法》2007年第13期。
② 参见湛中乐、苏宁:"论政府信息公开排除范围的界定",载《行政法学研究》2009年第4期。

长李广宇指出:"这种裁量的懈怠虽然是对个人隐私的尊重,但也可能损及更为重要的公共利益。在这种情况下,即使行政机关没有作出这种利益衡量,法院也可以责令行政机关作出,或者由法院直接作出。"①笔者认为,法院首先应从程序上审查行政机关是否进行了这种衡量,当申请人要求公开涉及商业秘密、个人隐私的政府信息,第三方不同意公开时,如果行政机关没有进行利益衡量,法院应当责令行政机关进行衡量,也可以主动进行衡量;如果行政机关已经作出衡量的,法院的司法审查应当适度尊重行政机关的衡量。

2. 对公共利益产生重大影响的认定标准

在对商业秘密、个人隐私与公共利益进行利益衡量时,需要对"公共利益"与"重大影响"作出认定,"公共利益"的认定可从利益主体的广泛性、利益的影响范围以及利益保护的特殊需要等方面加以判断,比如公共健康、国家安全或者环境保护利益等。对"重大影响"的认定,可要求行政机关提供其认定构成"重大影响"的基本事实依据,特别是审查行政机关在进行比较权衡时所选用因素的科学性、完整性、现实性。②

三、"涉及三安全一稳定"政府信息之司法审查

(一)"三安全一稳定"之司法认定

《条例》第八条规定:"行政机关公开政府信息,不得危及国家安全、公共安全、经济安全和社会稳定。"但是,《条例》并没有对"三安全一稳定"作进一步阐释。司法实践中,法官在解释此类法律概念时难度较大。对此,笔者认为可以参考日本的经验。在日本,公开可能危害国家安全和公共安全的信息是被列为不公开信息的。有关国家安全的信息,主要包括防卫信息和外交关系信息;有关公共安全的信息,主要包括刑事执法的信息。这些信息是被限定在一定条件之下的不公开信息,即当公开有侵害国家安全的危险时。此外,行政机关的首长对此具有裁量权,但这种裁量应当在达到"有相当的理由"的程度下方可作出。③

(二)"三安全一稳定"之审查方式

对"三安全一稳定"的司法审查可以从行政机关认定公开政府信息可能涉及"三安全一稳定"的理由着手。如果行政机关说理充分的话,法院应当予以支持,反之,则不能支持。

在周某诉某市人力资源和社会保障局政府信息公开案中,原告要求公开"高级职称评审委员会名单",被告认为公开该名单可能危及社会稳定,主要有以下两点理由:一是公开可能会引发不正之风,影响评审工作的公平、公

---

① 李广宇:《政府信息公开司法解释读本》,法律出版社 2011 年版,第 257 页。
② 参见吴偕林:"政府信息公开行政诉讼有关问题的思考",载《电子政务》2009 年第 4 期。
③ [日]盐野宏:《行政法总论》,杨建顺译,北京大学出版社 2008 年版,第 224 页。

正；二是公开可能引发打击报复，对评审本人生活和工作造成影响。[1]

笔者认为，该案从不予公开理由着手进行审查，是一个比较可行的审查思路。一审法院对本案被告的两个理由进行了评价，认为："与公开随之而来的不正之风、打击报复等并非评委面临的独有职业风险。抵制不正之风、不畏打击报复乃系对我国较多行业从业者提出的基本职业要求。我国逐步完善的行政处罚、刑罚体系已将上述职业风险降到最低。另外，由于评委个人的评审意见及投票情况职称申报者并不知晓，被告持有的职称申报者对评委个人可能会实施扰乱工作、生活行为，以及打击报复的假设缺乏合理的根据。"据此，一审法院认为，"被告的上述二点理由并不能充分地推导出公开相关评委专家名单可能危及社会稳定的结论。"[2]

（三）"三安全一稳定"之审查深度

在德国，法院在适度尊重行政判断的基础上可以对"三安全一稳定"事项进行审查。在审查深度的把握上，应当针对不同的理由有所区分。一般认为，法官应当充分尊重行政机关在其行政管理专业范围内所作出的判断，而不应轻易地以自己的判断代替行政机关的判断，除非存在越权或者滥用职权情况。如果行政机关是基于其高度专业性、技术性的知识背景对"三安全一稳定"所作出的解释和判断，则法院应予以退让和尊重，保持"司法克制"。这是因为，此时法院缺乏审查和判断的智识能力。而在前述周某诉某市人力资源和社会保障局政府信息公开案中，法官之所以能对"三安全一稳定"进行审查，是因为行政机关所作的判断并非基于被告在人力资源管理方面的专业知识，而是基于普通民众的社会经验和一般社会认知。法院有能力对被告作出上述认定是否符合构成危及"社会稳定"的法律要件进行审查，便不存在法院应该予以退让和尊重的判断余地。

（作者单位：山东省淄博市中级人民法院）

---

[1] 参见上海市黄浦区人民法院（2010）黄行初字第37号行政判决书。
[2] 参见上海市黄浦区人民法院（2010）黄行初字第37号行政判决书。

【调查与研究】

关于规范集体土地征收拆迁司法审查促进依法行政的调研报告

江苏省南通市中级人民法院课题组[①]

引 言

集体土地征收，是指行政主体基于公共利益的需要，以强制方式取得集体土地所有权及其他土地物权，并给予土地权利人以相应补偿的法律活动。[②] 土地征收是一项合法剥夺私有财产的法律制度，也是现代国家协调私人利益与公共利益的必要手段。但是，国外发展相对成熟的土地征收制度，在城镇和工业园建设日盛的当下中国，则遭遇了耕地大量流失、被征地农民生活堪忧、卖地式土地财政、征地上访事件不断等一系列问题的诘问。[③]

随着南通市经济和社会的快速发展以及城市化进程的加速推进，在集体土地征收拆迁过程中形成了大量行政争议。这些行政争议政策性强、矛盾突出、利益关系复杂、群体事件和极端事件多发，对社会稳定和经济发展影响重大。有相当数量的此类争议进入了行政诉讼渠道，相关行政诉讼案件数量长期居各类行政案件前列，审理难度突出，矛盾化解难度极大，是当前行政审判的重大司法难题之一。

为妥善预防和化解集体土地征收拆迁行政争议，准确理解和正确适用《物权法》《土地管理法》《土地管理法实施条例》《江苏省土地管理条例》，有力支持和谐社会建设，保障南通市经济社会平衡发展，人民法院有必要对集体土地征收拆迁司法审查中的疑难问题进行深入调研，进一步加强类案审理指导，挖掘、推广相关司法难题的破解之策。

本课题从《土地管理法》《土地管理法实施条例》《江苏省土地管理条

[①] 该课题系 2013 年度江苏省高级人民法院优秀重点调研课题。课题主持人：陈荣庆，课题负责人：卢旭光，课题组成员：沈杨、徐锦平、周舜隆、殷勤、李双全，执笔人：沈杨、殷勤。

[②] 王克稳："论我国集体土地征收中的被征收人"，载《苏州大学学报》2013 年第 1 期。

[③] 陈小君："农村集体土地征收的法理反思与制度重构"，载《中国法学》2012 年第 1 期。

▶ 031

例》施行中的集体土地征收拆迁现实问题入手,研究司法实践迫切需要解决的难题,具有理论上的创新性和实践上的针对性、可操作性,力图通过对集体土地征收拆迁行政诉讼案件的全面调研,对集体土地征收拆迁实践和理论难题的及时回应,在法律的模糊之处明晰边界,在歧路之处指明方向,在空白之处创设解释规则,为全市集体土地征收拆迁行政审判工作提供力所能及的指导。

一、近年南通市集体土地征收拆迁行政诉讼的基本情况和主要特点

(一)基本情况

1. 案件总体情况

(1)一审情况。2010年至2013年,南通市两级法院共受理一审集体土地征收拆迁行政诉讼案件①319件,审结313件,征地拆迁案件受案量占全部一审受案总数的14.51%。其中:2010年受理79件,审结79件,受案占比16.81%;2011年受理110件,审结110件,受案占比23.35%;2012年受理59件,审结59件,受案占比11.75%;2013年受理71件,审结65件,受案占比8.61%。(详见表1、图1)

表1:2010—2013年南通市集体土地征收拆迁一审行政
案件情况统计表　　　　　　　　(单位:件)

统计期 统计项	2010年	2011年	2012年	2013年	合计
受案数	79	110	59	71	319
结案数	79	110	59	65	313
受案占比(%)	16.81	23.35	11.75	8.61	14.51

(2)二审情况。2010年至2013年,市中院共受理二审集体土地征收拆迁行政诉讼案件163件,审结161件,征地拆迁案件受案量占全部二审受案总数的29.26%。其中:2010年受理39件,审结39件,受案占比37.86%;2011年受理52件,审结52件,受案占比36.36%;2012年受理35件,审结35件,受案占比26.12%;2013年受理37件,审结35件,受案占比20.9%。(详见表2、图1)

---

① 为客观、全面地反映集体土地征收拆迁行政诉讼情况,本文所指集体土地征收拆迁行政诉讼案件,是指集体土地征收以及对集体土地上的房屋实施征收拆迁引发的相关行政诉讼案件,不包括国有土地上的房屋征收拆迁行政诉讼案件,但原属集体土地,经批准征收后成为国有土地并因而发生的房屋拆迁行政诉讼案件,也在本文统计或样本描述之列。

表 2：2010—2013 年南通市集体土地征收拆迁二审
行政案件情况统计表　　　　　　（单位：件）

统计期 统计项	2010 年	2011 年	2012 年	2013 年	合计
受案数	39	52	35	37	163
结案数	39	52	35	35	161
受案占比（%）	37.86	36.36	26.12	20.9	29.26

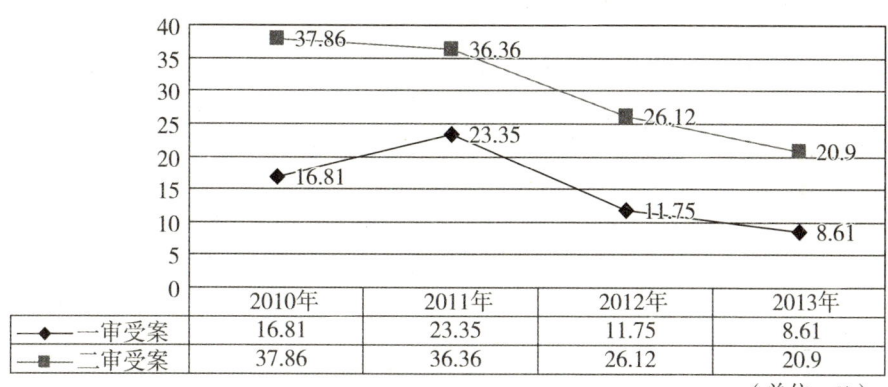

	2010年	2011年	2012年	2013年
一审受案	16.81	23.35	11.75	8.61
二审受案	37.86	36.36	26.12	20.9

（单位：%）

图 1：2010—2013 年南通市集体土地征收拆迁行政案件
受案占比情况示意图

2. 行政争议协调化解情况

（1）一审情况。2010 年至 2013 年，在审结的 313 件一审征地拆迁行政案件中，经人民法院组织协调，被诉行政机关依法改变具体行政行为或满足原告合理诉求后，原告撤回起诉 107 件，撤诉率 34.19%。其中，2010 年撤诉 32 件，撤诉率 40.51%；2011 年撤诉 36 件，撤诉率 32.73%；2012 年撤诉 18 件，撤诉率 30.51%；2013 年撤诉 21 件，撤诉率 32.31%。（详见表 3、图 2）

表 3：2010—2013 年南通市集体土地征收拆迁一审行政案件
原告撤回起诉情况统计表　　　　　　（单位：件）

统计期 统计项	2010 年	2011 年	2012 年	2013 年	合计
撤诉数	32	36	18	21	107

（2）二审情况。2010 年至 2013 年，在审结的 161 件二审征地拆迁行政案件中，原告撤回上诉 41 件，撤诉率 25.47%。其中，2010 年撤诉 11 件，撤诉

率28.21%；2011年撤诉19件，撤诉率36.54%；2012年撤诉5件，撤诉率14.29%；2013年撤诉6件，撤诉率17.14%。（详见表4、图2）

表4：2010—2013年南通市集体土地征收拆迁二审行政案件上诉人撤回上诉情况统计表 （单位：件）

统计期 统计项	2010年	2011年	2012年	2013年	合计
撤诉数	11	19	5	6	41

	2010年	2011年	2012年	2013年
一审撤诉	40.51	32.73	30.51	32.31
二审撤诉	28.21	36.54	14.29	17.14

（单位：%）

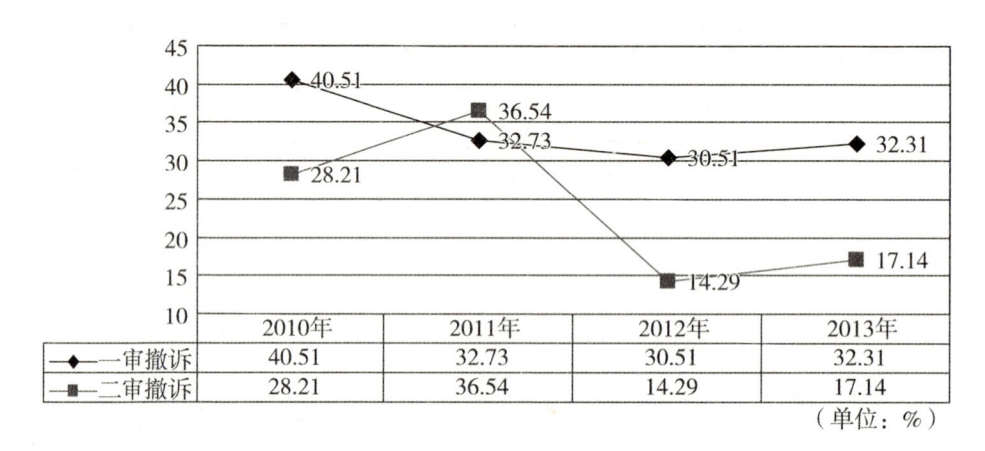

图2：2010—2013年南通市集体土地征收拆迁行政案件当事人撤诉情况示意图

3. 行政机关一审败诉情况

2010年至2013年，在全部审结的313件一审征地拆迁案件中，通过撤销、确认违法、要求履行法定职责等方式，判决被诉行政机关败诉18件，败诉率5.75%。其中，2010年败诉6件，败诉率7.59%；2011年败诉5件，败诉率4.55%；2012年败诉2件，败诉率3.39%；2013年败诉5件，败诉率7.69%。（详见图3）

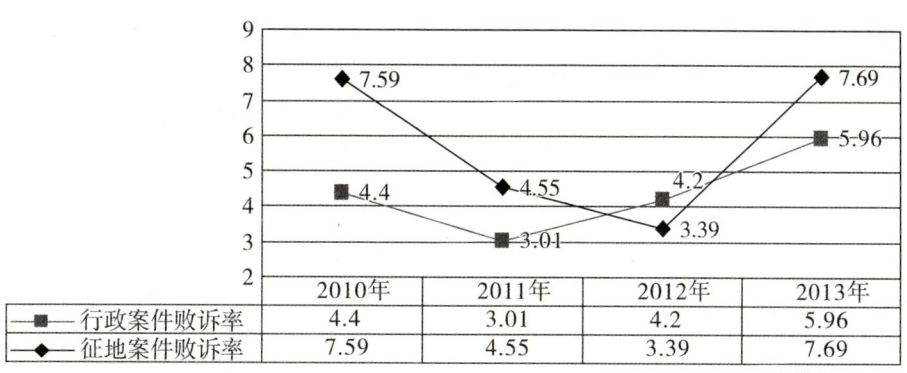

	2010年	2011年	2012年	2013年
行政案件败诉率	4.4	3.01	4.2	5.96
征地案件败诉率	7.59	4.55	3.39	7.69

（单位：%）

图3：2010—2013年南通市行政机关行政案件一审败诉与集体土地征收拆迁案件败诉情况示意图

（二）主要特点

1. 征地拆迁行政诉讼案件受案量高位放缓，但地域性特征明显

2010年至2013年，较之其他类型的行政诉讼案件，集体土地征收拆迁案件的一、二审受案量达到了482件，占该时段行政诉讼案件受案总量的17.4%，居第二位。其中，2010年受理118件，占当期行政诉讼受案量的20.52%，居第二位；2011年受理162件，占当期行政诉讼受案量的26.38%，居第一位；2012年受理94件，占当期行政诉讼受案量的14.78%，居第三位；2013年受理108件，占当期行政诉讼案件受案量的11.59%，居第三位。从绝对值来看，全市的征地拆迁案件自2012年以来受案明显放缓，并出现了与同时段行政案件快速增长相背离的发展态势。（详见表5、图4）

表5：2010—2013年南通市一、二审受案主要类型统计表

（单位：件）

统计期\统计项	2010年 受案	2010年 占比%	2011年 受案	2011年 占比%	2012年 受案	2012年 占比%	2013年 受案	2013年 占比%
劳动和社会保障	121	21.04	126	20.52	182	28.62	235	25.21
公安	67	11.65	56	9.12	96	15.09	116	12.46
规划	28	4.87	29	4.72	22	3.46	23	2.47
房屋登记	43	7.48	41	6.68	35	5.5	36	3.86
国有土地上房屋征收拆迁	52	9.04	74	12.05	63	9.91	51	5.47
集体土地征收拆迁	118	20.52	162	26.38	94	14.78	108	11.59

	2010年	2011年	2012年	2013年
行政一二审受案	575	614	636	932
征地拆迁受案	118	162	94	108

（单位：件）

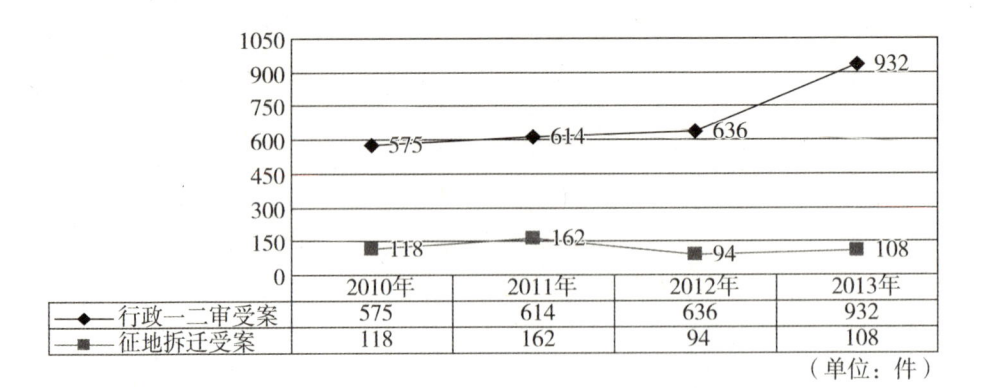

图 4：2010—2013 年南通市行政一、二审受案与集体土地征收拆迁受案示意图

从地域分布来看，2010 年以来的集体土地征收拆迁案件主要集中在如东、海安、启东、如皋和崇川区等 5 个县（市）区，共发案 305 件，占一审受案总量的 95.61%。其中，如东 85 件，占 26.65%；海安 68 件，占 21.32%；启东 60 件，占 18.81%；如皋 53 件，占 16.61%；崇川区 39 件，占 12.23%。总的来说，征地拆迁案件的分布密集程度基本上与地区都市拓展和城镇化建设速度相关，旧城改造和城市扩张程度越高，对土地的需求量越大，征地拆迁的官民矛盾越突出，诉至法院的行政案件也就越多。（详见图 5）

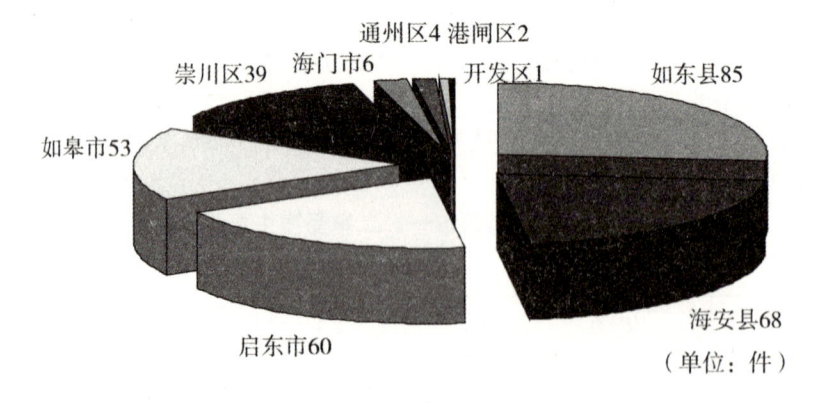

通州区4　港闸区2
海门市6　　开发区1
崇川区39　　　如东县85
如皋市53
启东市60　　海安县68
（单位：件）

图 5：2010—2013 年南通市集体土地征收拆迁一审行政案件地域分布示意图

2. 征地拆迁案件涉及的具体行政行为呈扩散特点，但所争议的实质性问题相对集中

区别于劳动保障、房屋登记、公安、工商等行政管理领域内的各种单一性行政行为，一个征地拆迁项目的启动或推进通常需要众多前置性行政行为的支持，并在实施过程中又会牵涉到其他许多的行政行为，一旦引发行政争

议,利益相关方往往会在对拆迁裁决、拆迁许可、强制拆迁等征地拆迁的核心行为提起行政诉讼之后,扩大到这些行为的各种前置及后续行为,如分别起诉征地拆迁项目的立项批准文件、建设用地规划许可证、建设用地批准文件、建设工程规划许可证、征地公告、安置补偿公告、责令交出土地、责令限期拆除决定、要求行政机关对上述行政行为进行复议,对复议决定不服,再提起行政诉讼等。当因征地拆迁引发治安案件时,又会提起与之相关的治安行政诉讼。最后,如上述救济手段仍达不到目的,则会依据《政府信息公开条例》的规定,提出公开相关政府信息的申请,而不管是否获取政府信息,有无实际的诉的利益,均向法院提起政府信息公开的行政诉讼。由此形成众多的关联诉讼和系列诉讼,几乎回应了征地拆迁的全过程,形成该行政领域内"有管理就有诉讼"的独特现象。例如:如东县住建局于2010年1月向如东县土地资产储备开发中心颁发房屋拆迁许可证,对如东县掘港镇新光村7组、10组的集体土地上的房屋实施征地拆迁,截至2013年12月,被拆迁人王守荣等8人先后向法院提起一、二审行政诉讼38件,涉及的具体行政行为分别为建设项目立项审批、土地征用、用地规划许可、用地审批、房屋拆迁许可、拆迁裁决、拆迁强制、信息公开、要求公安履行保护人身财产的法定职责、不服相关行政复议等,涉及的被告包括如东县政府、发改委、建设局、国土局、公安局、南通市政府、市公安局等众多行政机关。他们在保护自身合法权益的过程中,愿意花费大量的时间、精力提起一系列的行政诉讼,试图通过不断反复的复议和诉讼,给政府、法院施加压力,导致了诉讼的复杂化、诉讼成本的增大、审判资源的浪费。

  尽管集体土地征收拆迁行政案件所涉具体行政行为的类型多样,但诉讼中原告要求实质性解决的仍然是补偿安置问题。据统计,在319件一审征地拆迁行政案件中,不服拆迁裁决、拆迁许可、强制拆迁以及认为征地行为违法要求行政赔偿的案件,共计有173件,占比54.23%。其他45.77%的征地拆迁案件,虽然当事人的诉讼请求未直接针对补偿安置问题,但当事人在起诉的事实和理由中几乎均提及"补偿安置标准低""补偿安置不到位""难以保持原有生活水平"等与补偿安置实质相关的问题。以市中院52份一审裁判文书为例,除13份属当事人撤诉或移送管辖的案件,因未载明当事人诉请及事实和理由而无法从裁判文书中看出原告诉请的真正动因外,其余39份裁判文书中,只有3份裁判文书载明当事人仅因程序违法等原因起诉而未涉及补偿安置问题,其他36份裁判文书中当事人诉请及事实和理由部分均不同程度地提到了补偿标准、补偿安置、补偿对象、补偿方式、补偿安置费用的计算等与补偿安置有关的问题,占比69.23%。(详见表6)

表6：2010—2013年南通市集体土地征收拆迁一审行政案件类型统计表　　　（单位：件）

统计期 统计项	2010年	2011年	2012年	2013年	合　计
要求履行法定职责	6	9	8	12	35
拆迁行政裁决	22	25	4	5	56
拆迁行政许可	9	14	10	7	40
认为征地违法	2	6	2	1	11
补偿安置公告	3	2	1	1	7
行政强制拆除	12	19	10	9	50
不予受理通知书	2	2	0	0	4
行政答复或回复	5	6	3	7	21
土地行政处罚	6	5	7	6	24
土地行政出让	1	2	1	2	8
信息公开	0	2	5	8	15
认为行政侵权	6	9	5	6	26
其　他	5	9	3	7	22
合　计	79	110	59	71	319

3. 涉征地拆迁行政案件的利益主体多元，表现为较明显的群体性

征地拆迁的最基本动因是城市扩张、道路建设和地区重大工程项目建设，对土地的需求量大、征地范围广、涉及人员众多，往往涉及一个特定群体的切身利益。基于我国现行的土地所有制度，土地的使用者与所有者、房屋的所有权与土地的所有权相分离，导致在集体土地征收拆迁中土地所有者、土地使用者、房屋所有者、房屋使用者以及集体土地承包主体等诸多主体交织，这就使得原本就人数众多的利益群体更加复杂多元。加之征地拆迁的一方主体往往是地方政府，既是国有土地所有权的代表，又是集体土地征收、房屋拆迁的决策者与实施者，也是被征收土地的利用者，还是争端的协调者与裁决者，为更好地保护自身权益、与强势政府抗争，涉征地拆迁权利人也更容易形成利益共同体而抱团维权诉讼。据统计，在2010年至2013年产生的319件集体土地征收拆迁一审行政案件中，5人以上抱团诉讼的群体性案件有86件，占26.96%。其中，原告为5人至10人的案件56件，占群体性诉讼案件的65.1%；原告为10人至30人的案件24件，占群体性诉讼案件的27.91%，原告超过30人的案件6件，占群体性诉讼案件的6.98%。（详见表7）

表 7：2010—2013 年南通市集体土地征收拆迁一审群体性诉讼分类统计表 （单位：件）

统计项＼原告人数	不到 5 人	5～10 人	10～30 人	超过 30 人
案件数	233	56	24	6

集体土地征收拆迁群体性行政案件高发的区域相对集中，主要发生在如东（46 件）、启东（18 件）、海安（12 件）三个地区，合计 76 件，占群体性行政案件的 88.37%；而海门市、港闸区、开发区近年来没有发生相关领域的群体性行政案件；其余如皋市 6 件、崇川区 2 件、通州区 2 件。集体土地征收拆迁群体性诉讼案件的出现，表明集体土地征收过程中的矛盾，已由个别的、单一的矛盾，转为影响较大、涉及人数众多的复杂矛盾。这类案件审理裁判与社会稳定紧密联系，而妥善处理集体土地征收拆迁纠纷尤其是群体性纠纷，已成为行政审判工作的重中之重。（详见图 6）

	如东县	启东市	海安县	如皋市	通州区	崇川区
	46	18	12	6	2	2

（单位：件）

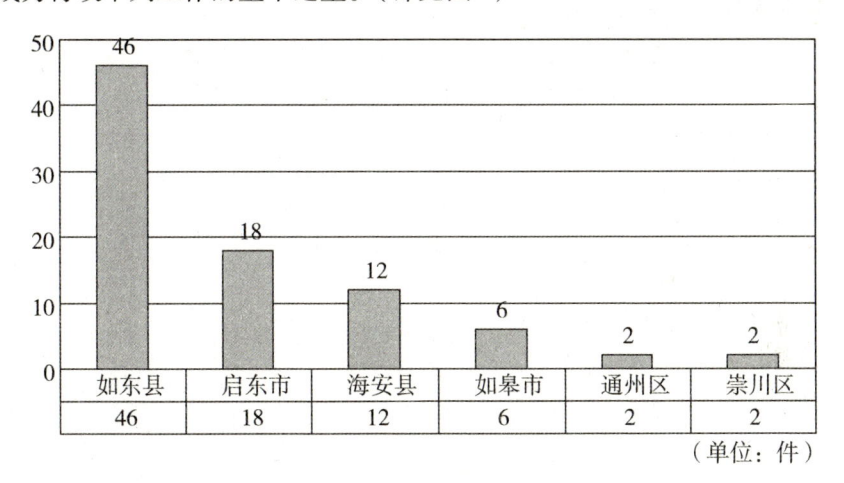

图 6：2010—2013 年南通市集体土地征收拆迁一审群体性诉讼区域分布示意图

4. 征地拆迁案件的结案规律有别于行政案件的总体结案规律

经调研发现，区别于行政一审案件的总体结案规律，征地拆迁案件存在明显的"两高一低"现象。

一是被告胜诉率高。2010 年至 2013 年，全市征地拆迁一审行政案件判决维持被诉具体行政行为 28 件、判决驳回原告诉讼请求 93 件，合计 121 件，被告胜诉率为 38.66%，比一审行政案件的被告胜诉率 28.86% 高出 9.8%。其中，征地拆迁案件判决驳回原告诉讼请求 93 件，占比 29.71%，比一审行政案件的判驳比例 25.38% 高出 4.33%。本来，《最高人民法院关于执行〈中华人民共和国行政诉讼法〉若干问题的解释》第五十六条关于判决驳回诉讼请求的规定，其本意是适用于"事实清楚、适用法律正确、程序合法，但又不适于判决维持的具体行政行为"，但实践往往对该条第（四）项"其他应当判决驳回诉讼请求的情形"作扩大理解，对事实或程序有瑕疵不宜判决维持且不宜判决撤销的案件，也以判决驳回原告诉讼请求的方式处理。显然，在征地拆迁案件中，法官更愿意用"判决驳回原告诉讼请求"的方式来平衡依法行政与服务发展的关系。

二是裁定驳回原告起诉的比例高。2010年至2013年，南通市法院集体土地征收拆迁一审行政案件裁定驳回原告起诉46件，占比14.7%，比一审行政案件的裁驳比6.97%高出7.73%。

三是原告撤诉率低。区别于上述"两高"现象，2010年至2013年，南通市法院集体土地征收拆迁一审行政案件裁定准予原告撤回起诉107件，撤诉率34.19%，较之一审行政案件的撤诉率55.87%，明显低了21.68%，这也进一步表明由集体土地征收拆迁过程中产生的行政争议，官民矛盾更加激烈，更加难以化解。（以上详见表8）

表8：2010—2013年南通市一审行政案件与
集体土地征收拆迁案件裁判情况统计表　　（单位：件）

统计类 统计项	结案总数	判决被告败诉及败诉比	判决维持被诉行为及维持比	判决驳回原告诉请及判驳比	裁定驳回原告起诉及裁驳比	裁定准予原告撤诉及撤诉率	其他
行政案件	2096	97 4.63%	73 3.48%	532 25.38%	146 6.97%	1171 55.87%	77
征地拆迁案件	313	18 5.75%	28 8.95%	93 29.71%	46 14.7%	107 34.19%	21

基于集体土地征收拆迁行政诉讼案件被告的高胜诉率和原告的低撤诉率，直接导致了此类纠纷的高上诉率和高申诉上访率。2010年至2013年，在全部审结的313件一审征地拆迁行政案件中，当事人不服一审裁判上诉163件，上诉率52.08%，较之一审行政案件26.57%的上诉率，明显高出了25.51%；而在全部审结的474件一、二审生效的集体土地征收拆迁行政诉讼案件中，当事人申诉56件，申诉率11.81%，较之6.93%的行政案件申诉率，高出了4.88%。（详见图7）

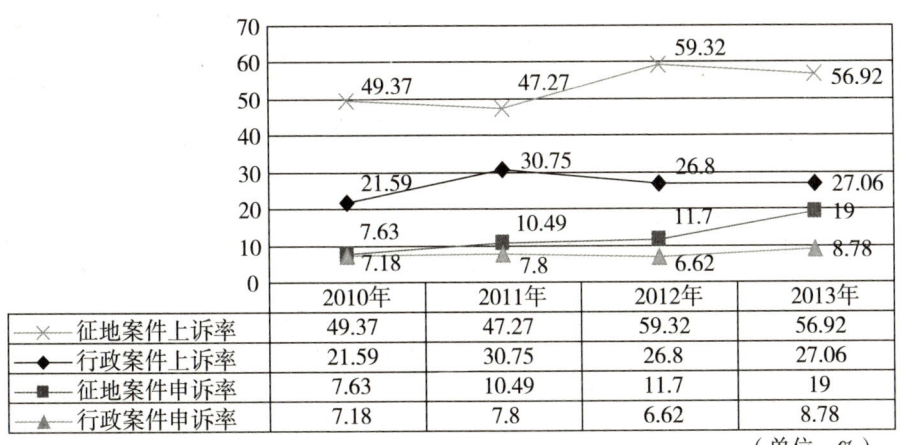

【调查与研究】

	2010年	2011年	2012年	2013年
征地案件上诉率	49.37	47.27	59.32	56.92
行政案件上诉率	21.59	30.75	26.8	27.06
征地案件申诉率	7.63	10.49	11.7	19
行政案件申诉率	7.18	7.8	6.62	8.78

（单位：%）

图7：2010—2013年南通市生效行政案件上诉、申诉及
集体土地征收拆迁案件上诉、申诉情况示意图

二、审理集体土地征收拆迁行政案件所反映出的突出问题及成因分析

（一）土地演变过程错综复杂，行政机关收集、固定证据不规范，行政相对人举证能力弱，案件审判认定事实困难

1. 因历时久远、土地档案保管不完善，导致对土地、房屋的面积认定困难

调研发现，实践中认定集体土地及土地上房屋的面积主要有四种表现形式：一是集体土地所有权、使用权、土地上房屋所有权等原始权证载明的面积；二是征地时相关部门依法实地勘测的面积；三是除对原始权证载明的面积予以确认外，对未经批准新建、改建、扩建的面积，认为属于违章搭建的，不予认定该面积，但对建设成本予以补偿；四是除对原始权证载明的面积予以确认外，对未经批准新建、改建、扩建的面积，按照建房时家庭人口，对照当地有关征地拆迁政策核定相关面积。四种面积表现形式因测量方式、技术、年代等原因，一般都存在差异。但是，无论征地机关以哪一个面积作为批准征地或补偿安置的面积，只要该面积小于以其他方式计算的面积，就可能引发行政争议。

例如：一部分房屋办理了建房规划许可和用地许可，但建房超过批准面积的部分未补办手续，有权机关也未及时处理，导致超过面积的部分无证状态持续多年；或者证载面积只包括住宅，不包括附属用房；还有的被征收土地权利人为获得更高补偿，征地前临时抢建、搭建等。由于原始凭证所载明的事实更接近法律事实，而实际测量的数据证明的事实则更接近于客观事实，

041

案件审理中,人民法院如果采信具有更高证据效力的原始凭证,极有可能在客观上减少被征地权利人的合理补偿利益,如果采信实测面积,又缺乏有效的权证依据。实践中,集体土地上房屋的实测面积大于证载面积、少批多建的情况大多存在。加之有的被征收集体土地由于长期以来地形地貌发生重大变化、土地确权工作粗糙、历史档案保管不善等原因,土地四至难以确定,土地的实际用途与法定用途的一致性难以确认,导致人民法院对尊重法定事实还是尊重客观事实产生困惑,尤其在如何认定面积、如何合理补偿的问题上,很难评判。

2. 因行政机关收集、固定证据不规范,导致对部分程序性事实认定困难

在集体土地征收拆迁行政诉讼中,公告问题往往成为当事人双方讼争的焦点。被征地权利人一般会诉称认为由于征地机关未及时张贴《征用土地公告》和《征地补偿、安置方案公告》或没有实质性履行公告职责,导致不清楚征用土地的用途、范围、面积、征地补偿安置的具体标准、方法和措施,侵犯其知情权、参与权,征地拆迁程序违法。针对原告的主张,被告或者在行政程序中疏于收集公告证据,或者未依照《最高人民法院行政诉讼证据若干问题的规定》保存、固定公告证据,存在照片不能反映拍摄时间、地点及背景特征,会议记录无到会被征收土地权利人签名等证据形式上的瑕疵,由于公告是集体土地征收拆迁中的必经程序,上述证据瑕疵必然给人民法院评判行政机关是否依法履行了公告的法定职责带来实际困难。

相关行政文书的送达程序争议也是集体土地征收拆迁行政诉讼中的焦点和难点问题。实践中,行政机关一般采取留置送达、邮寄送达和公告送达三种送达方式,在前两种送达方式中,留置送达的送达回证大部分没有被送达人本人签名,只有送达人或见证人签名,而见证人一般都是村支书、村长等"村官",缺乏其他的拍照、摄像等辅助证明手段;邮寄送达中有的送达地址是已不具备居住条件的被征收拆迁的住所,邮寄送达的回执中只有寄件人签名和邮件无法送达的凭证。诉讼中,原告一般均会对该两种送达方式的真实性产生异议。公告送达虽然法律手续齐全,但原告仍会对其送达的合理性、正当性产生异议,认为行政机关在能够直接送达、邮寄送达的情形下,径行采用公告送达的方式,而且公告的期间从 7 天到 15 天不等,明显违反法律规定。上述情形的存在,给人民法院认定行政程序性事实带来了极大困难。

3. 因被征地当事人收集、举证能力弱,导致对起诉事实认定困难

虽然《行政诉讼法》确立了被告对被诉具体行政行为的合法性承担举证责任的基本举证原则,但原告仍然要对其起诉符合行政诉讼的受案条件承担举证责任。大部分集体土地征收拆迁行政案件中,原告起诉有明确的被告、具体的行政行为,有证据证实其本人就是该具体行政行为的相对人或利害关系人,被告也承认被诉具体行政行为是其所为。因此,一般情况下,原告能够尽到基本的举证责任。但是,在原告起诉认为被告强制拆除违法以及单独要求被告就其强拆行为承担行政赔偿责任两类案件中,因被诉的强制拆除行为属事实行政行为,对被告是否适格以及原告的实际损失问题,前者除被告

自认实施了强制拆除的行为因而原告无须再举证证明外，原告往往只能证明事发的时间、地点和房屋实际被拆除的事实，但就实施拆房的主体，缺乏直接有效的证据；后者除原告在强拆之前就通过拍照、摄像甚至公证的方式固定证据外，法院只能根据被告在实施强拆过程制定的物品登记清单确认损失，对原告主张的物品登记清单之外的损失，甚至在个别情形下被告未登记屋内物品就实施了拆除行为，人民法院只能根据日常生活经验酌定原告的损失。这两种情形下，都存在原告举证不能或举证能力弱的问题。

如：在高某分别诉如皋市人民政府要求受理行政复议申请、诉如皋市公安局要求履行保护人身财产法定职责两案中，原告认为其所在的如皋市如城镇人民政府在双方未能达成征地拆迁补偿安置协议的情况下，组织并授意社会人员强制破坏、拆除了其房屋周边设施、附属用房等，镇政府则予以否认。虽然原告提供了反映现场的照片，但由于无法辨认照片中人员的真实身份，原告又无法提供其他的有效证据，虽然案件最终得以协调化解，但如协调不成，人民法院只能因原告举证不能而对其诉讼请求不予支持。①

（二）有关土地方面的法律法规规章不健全、不明确、不统一，相互冲突多，案件审判适用法律困难

1. 部分土地法律、法规、规章规定较为原则、抽象，缺乏可操作性，导致司法评判标准缺失、适法困难

国家层面，现行集体土地征收拆迁规范主要散见于《宪法》《物权法》《土地管理法》《土地管理法实施条例》等法律法规中。江苏省层面，关于集体土地征收拆迁的法规、规章主要有：《江苏省土地管理条例》《江苏省征地补偿和被征地农民社会保障办法》；南通市层面的规范性文件主要有：《南通市市区征地补偿和被征地农民基本生活保障试点实施办法》，市辖区、各区县人民政府制定的有关调整征地补偿标准的通知，部分县（市）、区人民政府制定的有关集体土地上房屋征收补偿办法以及《南通市城市房屋拆迁管理办法》第五章中有关"被征用集体土地上房屋拆迁补偿安置的特别规定"。从行政诉讼法律适用的层级看，《土地管理法》《土地管理法实施条例》《江苏省土地管理条例》由于分别是法律、行政法规和地方性法规，依法属于人民法院对具体行政行为合法性审查的依据；《江苏省征地补偿和被征地农民社会保障办法》在性质上属地方政府规章，司法审查也可以参照适用；由于南通市没有立法权，因此南通市一级制定的规范性文件，虽然为规范当地的征地拆迁行政执法提供了遵循的依据，但人民法院在司法审查时，既不能"依据"，也不能"参照"。目前来看，上述法律、法规、规章尽管对与集体土地征收拆迁有关的职权、范围、程序、处理等作了相应的规定，但对相关程序问题，规定仍显原则、抽象，没有统一的执法、司法尺度，执法人员、行政相对人、司

---

① 裁判索引：(2012) 通中行初字第 15 号行政裁定书，(2012) 皋行初字第 81 号行政判决书，(2013) 通中行终字第 34 号行政判决书。

法审判人员之间，对同一规定存在不同甚至迥然相异的认识，导致在一些具体问题上司法评判的标准实际上处于缺失状态。

例如：《土地管理法》第二条规定：国家为了公共利益的需要，可以依法对土地实行征收或者征用并给予补偿。《江苏省土地管理条例》第二十三条规定：因建设需要征用农民集体所有土地、使用国有土地的，实行统一征地、统一供地。从法律、法规的位阶效力看，后者虽然没有明确表述为"为了公共利益"，但也应当理解为"因为公共利益建设需要占用土地的情况"。问题是，"公共利益"应当如何界定？有关集体土地征收拆迁的法律、法规、规章并无更明确的规定。对比发现，国务院于2011年1月21日公布实施的《国有土地上房屋征收与补偿条例》第八条以列举的方式对"公共利益"作出了界定，明确了因公共利益征收的范围。但在集体土地征收拆迁中，能否直接援引该规定，还存在较大争议。如：有学者就主张从严理解，认为"公共利益"应当只限于国家机关和军事用地，城市基础设施和公益事业用地，国家重点扶持的能源、交通、水利等基础设施用地等，商业开发用地不属于"公共利益"的范围。因为在城市不动产征收中，其重心是强调财产权的价值保障优位于存续保障，因而《国有土地上房屋征收与补偿条例》设定了较为宽泛的公共利益范围，较为符合城市化发展的需要。但农村集体土地征收的主要对象是耕地，直接关涉国家粮食安全，承载着更为重大的社会公共利益，因而就需要对公共利益进行严格的解释，以防止政府滥用征地权力。但也有观点主张从宽理解，认为只要符合城市总体规划，符合当地经济社会发展的需要，就都属于"公共利益"的范围。①

又如：《土地管理法实施条例》第四十五条规定：对违反土地管理法律、法规规定，阻挠国家建设征用土地的行为，土地行政主管部门有作出责令交出土地的行政处理决定的职权。但对哪些行为实际构成了阻挠国家建设征用土地的行为、土地行政主管部门作出责令交出土地的行政处理决定需要遵循哪些程序，立法未作进一步规定。对哪些行为实际构成了阻挠国家建设征用土地的行为，一种观点认为，被征地农民因补偿安置问题与土地行政主管机关未达成一致意见而未交出土地，属于有正当理由的合法行为，因而不构成违法。另一种观点则认为，既然《土地管理法实施条例》第二十五条第三款有"征地补偿、安置争议不影响征用土地方案的实施"的规定，那么，被征地农民仅以补偿安置问题拒绝交地就构成了对国家建设征用土地的阻挠。对土地行政主管部门作出责令交出土地的行政处理决定的程序，一种观点认为，根据正当程序原则，责令交出土地涉及被征地农民的重大现实利益，作出决定前应当听取当事人的陈述申辩。另一种观点则认为，在法律没有规定前，行政机关即使未听取当事人的意见，也不构成程序违法。实践中，对原则、

---

① 张先贵、刘兵红："集体土地征收立法之法理与制度的框架分析——写在《农村集体土地征收与补偿条例》出台前"，载《西南民族大学学报》（人文社会科学版）2012年第6期。

抽象的立法规定，行政机关的适法标准一般较宽泛，主张拥有更多的自由裁量权，被征地拆迁的对象的适法标准则相反，无论司法审判采用何种标准，都无法让双方当事人都服判息诉。①

2. 同一层级和不同层级的法律、法规、规章之间规定不统一、不一致、相互冲突，导致司法审判中适用法律困难

对集体土地上的房屋，《土地管理法》第四十七条第四款规定"按地上附着物进行补偿"；《物权法》第四十二条规定"应当依法给予拆迁补偿，征收个人住宅的，还应当保障被征收人的居住条件"；《江苏省土地管理条例》第二十六条规定"按照重置价格结合成新补偿"。由于上位法规定不一，导致实践中对集体土地上的房屋，有的以地上附着物界定，有的采取迁建安置的方式，还有的以国有土地上的房屋对待并直接适用城市房屋征收拆迁的规定补偿安置。但大多数情况下，均剥夺农民在集体土地上建房的选择权，损害了农民的合法权益，这也是农村征地拆迁纠纷多发的主要原因。由于对集体土地上的房屋征收拆迁补偿安置标准不统一，导致执法的混乱，从而产生被征收房屋的权利人相互攀比、抵制征地拆迁，最后造成拖延时间，以时间换取高额补偿，或以提起行政复议、行政诉讼向征地拆迁部门施压。②

此外，根据《土地管理法实施条例》第二十五条第三款的规定：对征地补偿标准有争议的，由县级以上地方人民政府协调；协调不成的，由批准征收土地的人民政府裁决。可见，对因征地补偿标准引发的纠纷，该条款确定的解决机制基本上是单一的行政救济方式，即终局解决方式为人民政府的裁决。③根据《行政复议法》第六条第（十一）项规定，只要公民、法人或其他组织认为行政机关的其他具体行政行为侵犯其合法权益，均可提起行政复议。同时，根据该法第三十条第二款规定，目前我国复议终局的仅有"省、自治区、直辖市人民政府确认土地、矿藏、水流、森林、山岭、草原、荒地、滩涂、海域等自然资源的所有权或者使用权的行政复议决定"这一种情形。因此，《土地管理法实施条例》所确立的征地补偿标准争议行政救济终局的解决方式，就与《行政复议法》的规定产生冲突，这也直接导致了有关的行政诉讼案件人民法院是否受理的实践争议问题。一种观点认为，既然《行政复议法》确立了省级以上人民政府征用土地的决定为行政最终裁决，那么再结合《土地管理法实施条例》第二十五条第三款的规定，对征地补偿标准产生争议，依法也应当既不能申请复议也不能直接提起行政诉讼；另一种观点则认为，省级人民政府做出的批准征用土地的决定不同于其就征用土地的补偿

---

① 重庆市第一中级人民法院行政审判庭："重庆市2004—2007年土地行政征收案件调查报告"，载《行政执法与行政审判》2008年第5集，人民法院出版社2008年版，第826－827页。

② 蒋中东、马国贤："浙江征地拆迁行政诉讼工作的现状问题和对策建议"，载《行政执法与行政审判》2012年第2集，中国法制出版社2012年版，第98页。

③ 房绍坤、王洪平："集体土地征收改革的若干重要制度略探"，载《苏州大学学报》2013年第1期。

标准争议作出的裁决,既然《行政复议法》没有规定该行为属于终局的裁决行为,当事人不服的,根据《行政复议法》第六条、第十四条的规定,既可以向该省级人民政府提起行政复议,也可以以该省级人民政府为被告提起行政诉讼。

3. 立法存在漏洞,行政机关、行政相对人基于各自利益规避法律,导致司法审判适用法律困难

基于我国《国有土地上房屋征收与补偿条例》出台后,集体土地的征地补偿问题尚未有专门立法,特别是程序性规范的缺失,导致集体、国有两类情形的征收补偿衔接不畅,行政机关执法中任意解释法律,自由裁量权较大,其征地拆迁行为缺乏基本的程序制约。比如:对集体土地上的房屋补偿,是在集体土地征收过程中一并解决,还是待集体土地征收完成后以国有土地上的房屋征收补偿,各地做法不一。根据《土地管理法》第四条第三款的规定,农用地是指直接用于农业生产的土地,包括耕地、林地、草地、农田水利用地、养殖水面等;建设用地是指建造建筑物、构筑物的土地,包括城乡住宅和公共设施用地、工矿用地、交通水利设施用地、旅游用地、军事设施用地等。据此,对集体建设用地的征收,就不仅包括对土地本身的征收,还包括对土地上建筑物、构筑物的征收。但在确定征地标的时,一些地方政府为加快进度,人为地将作为地上建筑物的房屋从征地程序中剔除,认为征地补偿只涉及对土地所有权丧失的补偿,而不涉及地上房屋的征收补偿,待针对土地的征收补偿程序完成、土地转为国有后,再继而启动国有土地上的房屋征收与补偿程序。这一做法本身不仅于法无据,而且还人为地造成了程序叠加,对于被征收人权益保障而言有害而无实益。①

又如,对宅基地的征收补偿机制,立法也存在漏洞。根据《土地管理法》第四十七条第三款、《土地管理法实施条例》第二十六条第一款的规定,在《物权法》颁布实施之前,宅基地被征收的,使用权人可以获得安置补助费和基于集体成员资格可能分得的部分土地补偿款。同时,根据《物权法》第四十二条第二款、第三款,《江苏省土地管理条例》第二十六条第一款第(二)项、第(三)项,《最高人民法院关于审理涉及农村集体土地行政案件若干问题的规定》第十二条第一款的规定,《物权法》颁布实施之后,宅基地被征收的,使用权人有权获得居住条件的保障和基于集体成员资格可能分得的部分土地补偿款,但不再获得安置补助费。但是,由于《物权法》未明确区分宅基地使用权的征收补偿与宅基地上建筑物的征收补偿,而是在"保障居住条件"的规定之下统筹考虑,导致实践中不仅有性质上属于农民集中居住区的住房安置补偿(农民上楼),还有货币补偿,以及另批宅基地自建等多种补偿方式,如采取前两种补偿方式,由于宅基地使用权本身具有的无期限使用性,

---

① 房绍坤、王洪平:"集体土地征收改革的若干重要制度略探",载《苏州大学学报》2013年第1期。

被征地农民在安置的同时，其原来享有的宅基地用益物权实际就没有获得补偿；如采取后一种补偿方式，由于存在空间差异，农民可能会被安排到距离其耕地较远的地区居住，但这种显见的地区差被征地农民并未获得补偿。加之也没有划清宅基地所有权与宅基地使用权征收利益的分配比例，使得农民本应获得的合法利益在无形中就被消解了。① 对由此产生的行政诉讼，人民法院往往在司法适法与失地农民利益保护中处于两难的境地。

此外，实践中还存在被征收土地权利人受利益驱使，为享受相应优惠的安置原则，在较短时间内协议离婚，人为将一户分为两户甚至更多户，或者抢建一部分附属用房，以获得更多的住房补偿安置。若行政机关未按其要求安置，就会引发行政争议。对于这类案件，如支持原告的诉讼请求，就会基于公平原则而损害其他被征收土地权利人的利益；如驳回原告的诉讼请求，又缺乏对这种规避行为的法源控制，并且还可能会引发新一轮的诉讼和涉诉上访事件，司法审判处于两难的境地。

（三）征地拆迁中多种利益交织，行政程序透明度不够，补偿安置矛盾尖锐，案件审判法律效果与社会效果难以兼顾

1. 征地拆迁的补偿安置标准调整滞后，法律规定与现实脱节，导致司法审判难以解决被征地人群的核心关切问题

征地补偿安置争议是引发征地案件最主要的诉因，也是征地案件中诸多矛盾中最核心的矛盾。②"失地农民"从追求征地后更好地生存和发展空间出发，希望获得更高的补偿安置。但现实却是征地拆迁的补偿安置标准调整滞后，法律规定与现实脱节，征地后实际可能获得的补偿与征地前的心理预期形成较大落差，涉征地拆迁的双方在补偿安置标准、住房安置方式、安置对象的范围等各个方面均存在较大的意见分歧。当事人提起行政诉讼后，人民法院基于具体行政行为合法性审查原则，既无法对有关征地补偿文件行使抽象行政行为的审查权而提高补偿标准，也无法对法律框架内的行政自由裁量问题进行合理性审查，如果某一地块大部分群众均签订补偿安置协议自行搬迁，即便被诉具体行政行为存在违法，也只能以实体补偿安置未侵犯被征收土地权利人合法权益的理由，判决驳回原告的诉讼请求。可见，"失地农民"难以通过行政诉讼来满足其核心关切的补偿安置问题，进而引发其对党和政府、人民法院公信力的强烈质疑和抗争心理。

以征收耕地的土地补偿费、安置补助费为例：《土地管理法》第四十七条规定，征收耕地的土地补偿费，为该耕地被征收前三年平均年产值的六至十倍，征收耕地的安置补助费，按照需要安置的农业人口数量计算，每一个需要安置的农业人口的安置补助费标准，为该耕地被征收前三年平均年产值的

---

① 陈小君："农村集体土地征收的法理反思与制度重构"，载《中国法学》2012年第1期。
② 重庆市第一中级人民法院行政审判庭："重庆市2004—2007年土地行政征收案件调查报告"，载《行政执法与行政审判》2008年第5集，人民法院出版社2008年版，第820页。

四至六倍。《江苏省土地管理条例》第二十六条规定，征用耕地的，按其被征用前三年平均年产值的八至十倍计算土地补偿费，征地前被征地单位农业人口人均耕地十五分之一公顷以上的，安置补助费为该耕地被征用前三年平均年产值的五倍；人均耕地不足十五分之一公顷的，从六倍起算，人均耕地每减少一百五十分之一公顷，安置补助费相应增加一倍，但最高不得超过该耕地被征用前三年平均年产值的十五倍。根据《江苏省征地补偿和被征地农民社会保障办法》第十四条第二款授权，南通市人民政府及所辖各县（市）人民政府，均分别制定了市辖区及各县（市）的征地补偿标准。例如：2011年5月制定颁布的《南通市市区征地补偿和被征地农民基本生活保障试点实施办法》第八条规定：征用农用地的土地补偿费，按市区耕地前3年平均年产值的10倍计算（标准为每亩2600元），不分粮棉田和蔬菜田，征用农用地的安置补助费，按照需要安置的被征地农民人数计算，标准为每人24000元。问题是，自2011年以后，南通市人民政府一直未公布其后每一年的耕地平均年产值，也未重新确定新的补偿安置标准，即2012年以来的市区征地补偿安置标准一直以2008年、2009年、2010年3年的耕地平均年产值为基础计算，适用2011年的补偿安置标准。补偿安置标准调整滞后，与农村农业产值和生活水平日益提高的现状存在较大冲突。

再以征收耕地以外的其他农用地的土地补偿费、安置补助费为例：根据《江苏省土地管理条例》第二十六条的规定，除耕地外，征用精养鱼池的土地补偿费，按其邻近耕地前三年平均年产值的十至十二倍计算，征用其他养殖水面的土地补偿费，按其邻近耕地前三年平均年产值的四至八倍计算；征用果园或者其他经济林地的土地补偿费，按其邻近耕地前三年平均年产值的八至十二倍计算；征用其他农用地的土地补偿费，按其邻近耕地前三年平均年产值的六至十倍计算；征用其他农用地的安置补助费，按照该土地的土地补偿费标准的百分之七十计算。《南通市市区征地补偿和被征地农民基本生活保障试点实施办法》在计算土地补偿费、安置补助费时，则不再对农用地的具体类别作进一步区分，即土地补偿费每亩26000元、安置补助费每人24000元。现实情况是，目前农村广泛存在非县级以上人民政府划定的菜地、渔池、经济作物、畜牧产品、果园地等，此类土地往往能创造较高的经济收益，一旦被征用，依法只能按一般耕地的平均年产值补偿，农民被征地后事实上难以维持原有的生活、生产水平，争议较大。

对集体土地上房屋的征收补偿，《江苏省土地管理条例》根据《土地管理法》第四十七条的授权，规定房屋及其他建筑物、构筑物的补偿费，按照重置价格结合成新确定，并进一步授权设区的市人民政府确定土地补偿费、安置补助费、地上附着物和青苗补偿费的具体标准。经调研发现，虽然南通市各地对集体土地上房屋的征收补偿标准不尽一致，但一般均采取按被征收房屋的建筑结构、等级、使用年限、完好程度等因素，以房屋重置价结合成新评估补偿，不区分房屋的区位、用途等基本要素。虽然各地也确立了"被征收人员按不同年龄段分别领取一次性生活补助、就业培训生活补助、养老金"

"被征收家庭实际困难、仅有一处住房且长期实际居住、所获得的征收补偿总额无法购买满足基本居住条件安置房屋的,按照一定标准给予最低安置保障"等基本保障制度,但无论是选择统建优惠购房、货币安置还是异地自建房屋,住房安置对象如不自行追加投入,仍无法维持原有的居住面积等条件,尤其是原有农村房屋面积较大而被安置人口较少的家庭,以及农村中的小商店、小作坊等,征地前后的差别比较突出。对此,2011年5月《最高人民法院关于审理涉及农村集体土地行政案件若干问题的规定》第十二条第二款规定:征收农村集体土地时未就被征收土地上的房屋及其他不动产进行安置补偿,补偿安置时房屋所在地已纳入城市规划区,土地权利人请求参照执行国有土地上房屋征收补偿标准的,人民法院一般应予支持,但应当扣除已经取得的土地补偿款。

2. 征地拆迁程序透明度不够,被征收土地权利人程序参与权无法充分行使,缺乏有效的行政救济渠道与沟通协商平台

征地程序包括行政征收的决定程序和行政征收的补偿安置程序。前者为决定国家征收权的行使与否,即征与不征的问题;后者为用地主体与让地主体之间的补偿安置协商程序,即补多与补少的问题。① 可见,无论是"征与不征",还是"补多补少",都与被征收土地权利人存在着根本性利害关系,是必然的程序主体。根据《土地管理法》第四十六条、第四十八条的规定,目前被征收土地权利人参与征地程序主要表现为对征地公告、征地补偿安置公告的知情权。尽管《土地管理法实施条例》第二十五条、《征收土地公告办法》第三条对征收土地方案公告、征地补偿安置方案公告作了进一步细化,如《土地管理法实施条例》第二十五条规定:征收土地方案经依法批准后,由被征收土地所在地的市、县人民政府组织实施,并将批准征地机关、批准文号、征收土地的用途、范围、面积以及征地补偿标准、农业人员安置办法和办理征地补偿的期限等,在被征收土地所在地的乡(镇)、村予以公告。市、县人民政府土地行政主管部门根据经批准的征收土地方案,会同有关部门拟订征地补偿、安置方案,在被征收土地所在地的乡(镇)、村予以公告,听取被征收土地的农村集体经济组织和农民的意见。征地补偿、安置方案报市、县人民政府批准后,由市、县人民政府土地行政主管部门组织实施。在此基础上,《征收土地公告办法》第十条规定:有关市、县人民政府土地行政主管部门提出应当研究被征地农村集体经济组织、农村村民或者其他权利人对征地补偿、安置方案的不同意见。对当事人要求听证的,应当举行听证会。确需修改征地补偿、安置方案的,应当依照有关法律、法规和批准的征收土地方案进行修改。第十四条规定:未依法进行征收土地公告的,被征地农村集体经济组织、农村村民或者其他权利人有权依法要求公告,有权拒绝办理

---

① 重庆市第一中级人民法院行政审判庭:"重庆市2004—2007年土地行政征收案件调查报告",载《行政执法与行政审判》2008年第5集,人民法院出版社2008年版,第829页。

征地补偿登记手续。未依法进行征地补偿、安置方案公告的，被征地农村集体经济组织、农村村民或者其他权利人有权依法要求公告，有权拒绝办理征地补偿、安置手续。但理论上，征收土地方案的公告程序仅是被征收土地所在地的市、县人民政府在征收土地方案经批准后的公示程序，被征收土地权利人并未参与到"征与不征"的决定程序中，补偿安置公告后，虽然立法要求"有关市、县人民政府土地行政主管部门提出应当研究被征地农村集体经济组织、农村村民或者其他权利人对征地补偿、安置方案的不同意见"，"对当事人要求听证的，应当举行听证会"，"确需修改征地补偿、安置方案的，应当依照有关法律、法规和批准的征收土地方案进行修改"，但同时又规定"由市、县人民政府协调，协调不成的，由上一级地方人民政府裁决"，使得"协调——裁决"成为法定程序，未明确赋予被征收土地权利人依法提起行政诉讼的权利。① 加之《土地管理法实施条例》第二十五条、《征收土地公告办法》第十五条又规定"征地补偿、安置争议不影响征收土地方案的实施"，使得听取意见程序实际上既可有可无又缺乏有效的监督而流于形式。实践中，除征地程序立法设置本身存在的问题外，程序本身已设置的公开、透明环节及被征收土地权利人的事前告知、听取意见、选择评估、提供替代性或选择性安置方案等，也普遍存在执行不到位、权利被剥夺的情形。② 行政程序的不公开、不透明，无即时性参与、协商、对话等可供被征收土地权利人选择，尤其是被征地拆迁的农民，其寻求救济的意见、合法权益的实现基本上是处于一种"被代表"的状态，③ 其救济手段只能转变为事后的反复诉讼、申诉、上访。

3. 征地拆迁的司法救济渠道复杂，连环诉讼、反复诉讼、群体性诉讼情况突出，官民矛盾尖锐，给审判工作造成极大压力

集体土地征收利益主体多元、关系复杂、环节众多，既关系到被征收土地权利人的生存权、发展权等宪法权利，又关系到地方的社会稳定与经济发展。一件征地案件，往往是法律问题、政治问题、政策问题的交织体，

---

① 依前文所述，尽管《土地管理法实施条例》和《征收土地公告办法》确立了征收土地的补偿安置争议行政处理终局的立法模式，但由于《行政复议法》第三十条仅规定了"省、自治区、直辖市人民政府确认土地、矿藏、水流、森林、山岭、草原、荒地、滩涂、海域等自然资源的所有权或者使用权的行政复议决定"这一种复议终局的情形，显然从法律适用的位阶来看，《土地管理法实施条例》《征收土地公告办法》效力较低，其与上位法规定相冲突的内容，就应当以上位法规定为准。因此，根据《行政复议法》第六条、第十四条的规定，对因集体土地征收补偿安置问题引发的争议，包括补偿安置标准争议和补偿安置裁决，均既可以申请行政复议，也可以提起行政诉讼（补偿安置标准争议依法属复议前置的情形）。

② 重庆市第一中级人民法院行政审判庭："重庆市2004—2007年土地行政征收案件调查报告"，载《行政执法与行政审判》2008年第5集，人民法院出版社2008年版，第829页。

③ 蒋中东、马国贤："浙江征地拆迁行政诉讼工作的现状问题和对策建议"，载《行政执法与行政审判》2012年第2集，中国法制出版社2012年版，第101页。

【调查与研究】

有的还涉及复杂的历史遗留问题，受到多方面关注，难以简单的通过正确、严格适用法律来解决问题。① 特别在当下，在巨额土地、房地利益的冲击下，一些区县为"赶进度、求政绩"，往往缺乏摸底调查、科学论证，就急于招商引资、仓促征地，存在诸如未征先用、征而不用、越权征收、严重违反法律程序等情形，导致征地过程中矛盾激化，协调难度极大。一旦诉诸法院，原被告双方利益非常对立，诉争矛盾尖锐，很难找到双方均可以接受的利益共同点或衡平利益。人民法院在审理此类案件时，通常是能协调处理尽量协调，确实不能协调需要实体裁判的，则根据补偿安置是否实际到位，是否实际损害被征收土地权利人的合法利益为前提，根据不同案件的实际情况作出不同处理。但是，如何取得法律效果与社会效果的统一，是人民法院审理集体土地征收拆迁行政案件中所面临的最大难题：如仅追求法律效果，会造成更多的行政机关败诉案件，有利于规范集体土地征收的依法行政工作，但很多在建重点工程项目会因此搁置，就会在更大的方面牺牲社会公共利益，而且在大部分被征收土地权利人已经签订补偿协调的前提下，再对个别人的补偿利益做出调整，也有损整体性利益，会引发更多诉讼和更大的不安定因素。如仅追求社会效果，就会在个案上滋长行政机关不依法行政、不按程序办事的惯性思维，对今后的征地拆迁工作带来不良效应，对涉诉行政相对人也说，也极不公平。可见，人民法院在"两个效果相统一"的问题上，很难两全。

例如：对于行政机关在未办理土地征用手续的情况下，即与被征收土地权利人签订安置补偿协议，拆房平地，交付建设方使用后，被起诉要求确认违法的案件就很难下判。一方面，若严格依法确认其行为违法，因牵扯范围广、人数众多，可能给政府方面开展工作造成极大压力，形成新的社会不稳定因素，若要求行政机关采取补救措施，又因用地指标的限制，可能会因无法取得合法手续从而追认其占地行为合法，即使补办到手续，也可能因程序的牵延日久，影响在建工程项目建设，损失巨大。另一方面，对于原告提出的补偿、赔偿请求，如依据《物权法》《土地管理法》的规定重新核算提高补偿标准，对已经签订协议、未起诉的广大被征地农民来说，已经形成的平衡能否重新打破，直接影响其现实生存问题，由此就可能形成新一轮的群体性涉诉上访事件，关乎社会稳定。

调研访谈中，大多数被征地农民对征地所涉具体工程项目并不关心，其最关心的还是征地拆迁的补偿能否到位，是否影响其日后生产、生活等现实问题。就已经起诉的被征收土地权利人来说，其对司法程序的设置也缺乏必要认识，其诉讼请求、理由和目的之间常常存在较大的差距。而行政审判仅对诉讼请求进行审查，裁判方式可能出现"只见森林不见树木"或"只有树

---

① 重庆市第一中级人民法院行政审判庭："重庆市2004－2007年土地行政征收案件调查报告"，载《行政执法与行政审判》2008年第5集，人民法院出版社2008年版，第831页。

木不见森林"的情形，与原告最初的诉讼目的可谓差之千里。一旦无法承受司法救济程序中的不利后果，被征收土地权利人在质疑判决结果公正性的同时，就会力图从其他方向寻求突破，由此造成连环诉讼、反复诉讼、诉讼与上访交织，不仅造成极大的讼累，也使人民法院与当事人之间的关系陷入尖锐的矛盾之中。实践中，部分被征收土地权利人甚至从原告的身份发展成专业的诉讼代理人，成为征地拆迁案件的诉讼专业户。例如：启东地区的李某某对征地拆迁行为不服，5年间先后以原告、诉讼代理人身份起诉、申诉40余次，给人民法院审判工作带来了极大的压力。

三、集体土地征收拆迁行政诉讼若干适用法律疑难问题的司法应对

（一）受理、审理集体土地征收拆迁行政案件的宏观把握和基本原则

1. 集体土地征收拆迁行政诉讼司法理念的更新：由"抑私扬公"到"抑公扬私"

所谓司法的理念，是指对法的应然规定性的、理性的、基本的认识和追求。从学术角度来看，它是法及其适用的最高原理；从实践层面来看，它是社会成员及司法者对待法的基本立场、态度、倾向和最高行为准则。[1] 在现行土地立法仍显陈旧并有所欠缺的情形下，司法理念对集体土地征收制度适用的基石性作用就显得尤为重要。司法救济作为公民权利保护的重要屏障，应当更为能动地发挥其应有的功能和作用。[2]

我国集体土地征收制度留下了深深的行政主导性烙印：一方面，符合公共利益是征收合法化的基础，也是被征收土地权利人作出"特殊牺牲"的前提。但我国涉及集体土地征收条款的《宪法》《物权法》《土地管理法》，均没有对公共利益明确界定，虽然《国有土地上房屋征收与补偿条例》对国有土地上房屋征收符合公共利益性作出了明确规定，但如前所述，国有土地上房屋征收的公共利益标准，能否直接套用到集体土地的征收之中，目前在理论上还存有较大争议。按照《土地管理法》第四十六条的规定，公共利益的认定完全由行政机关单方决定，在立法授予行政机关最大化的自由裁量权的前提下，司法审判基于"抑私扬公"的理念，只能遵循行政机关对是否符合公共利益的解释而无权做过多干涉，由此就导致实践中假借"公共利益"的商业化征收行为大行其道，农村集体成员的特殊牺牲被无限放大。[3] 另一方面，在征收程序中，从批准、实施到救济都强化了行政权力的绝对主导性，如依《行政复议法》第六条、第三十条第二款的规定，对省级以上人民政府

---

[1] 史际春、李青山："论经济法的理念"，载《华东政法学院学报》2003年第2期。
[2] 江苏省高级人民法院行政审判庭："农村集体土地征收行政案件审理疑难问题研究"，载《法律适用》2010年第6期。
[3] 陈小君："农村集体土地征收的法理反思与制度重构"，载《中国法学》2012年第1期。

作出的征收决定，行政相对人只能提起行政复议而不能提起行政诉讼，且复议终局。又如：依《土地管理法实施条例》第二十五条第三款的规定，征用补偿、安置方案均由行政部门拟订、批准、实施，即使对补偿标准有争议，也只能由人民政府协调、裁决，而且对征地补偿、安置争议的处理不影响征用土地方案的实施。对此，如司法再辅之以"抑私扬公"的理念，不仅会使得本来就十分有限的司法介入变得更加苍白无力，对于被征收土地权利人事后的、被动的参与权，也将变得更加可有可无。对此，既不符合《物权法》平等保护的基本法理，也与行政法中的平衡理论、程序正当性原则背道而驰。因此，在集体土地征收立法相对滞后的情形下，司法理念由"抑私扬公"向"抑公扬私"转变，就显得尤为重要。

2. "抑公扬私"理念下集体土地征收拆迁行政诉讼司法审查的基本原则

一般研究认为，域外发达国家如美、英、德、葡、澳等，土地征收工作平稳开展，并未发生过严重的征地冲突，其重要一点就在于立法、司法中贯彻了"抑公扬私"的理念。陈小君教授将之总结为三个方面：（1）不仅要明确、严格地界定公共利益，要求事先进行公共利益调查和公告，而且还要赋予被征收人征收决定异议的司法救济权以及一定期限内被征收客体未用于公共利益的撤销权或买回权；（2）为被征收人争取公正合理的补偿提供协商的前置程序，尽量使争议消解于意思自治的协商过程中；（3）在征收决定和征收补偿两个环节都赋予被征收人司法救济权，为私权和司法权制约行政权创造可能性。① 将上述理念贯彻到当下我国的集体土地征收拆迁司法审查活动中，体现为正当程序原则、比例原则、利益衡平原则和实体保障优先原则。

（1）正当程序原则。在公权力与私权利的博弈之中，公权力本身就处于强势地位，如果缺乏程序规范，很容易导致权力膨胀，进而损害私权利，这一点在征收征用的实践中表现得尤为突出。② 因此，要防止国家征收权的滥用，使其能够在满足公共利益与保护公民财产权利之间达到平衡，就要求其必须遵循正当程序原则，严格按照法定程序进行。正当程序的价值表现在集体土地征收过程中主要有两个方面：一是对被征收土地权利人的保障，二是对征收人的限制。对前者来说，正当程序可以使被征收土地权利人在集体土地征收的过程中有更多参与机会，了解更多信息，也获得更多的权利救济；对后者来说，正当程序可以保证征收的公开透明，防止暗箱操作，从而使征收权在被征收土地权利人和社会公众的有效监督下有序进行，以实现征收程序公正价值与效率价值的有机结合。③

（2）比例原则。作为一项重要的宪政原则，比例原则适用于国家征收活动中，主要在于进一步限缩征地的范围。虽然我国现行法律体系中未明确赋

---

① 陈小君："农村集体土地征收的法理反思与制度重构"，载《中国法学》2012年第1期。
② 王利明："《物权法》的实施与征收征用制度的完善"，载《法学杂志》2008年第4期。
③ 张明："国家征收权的异化及其限制"，载《河北法学》2012年第5期。

予比例原则以宪政原则的应有地位，但一般认为《国有土地上房屋征收与补偿条例》第八条在界定公共利益的范围时使用了"确需"一词，可以解读为该条例已经确立了比例原则对房屋征收权启动的限制。这就意味着，国有土地上的房屋征收不仅要受制于公益目的性的限制，而且在满足公益目的性限制的基础上，还要进一步受限于比例原则的限制。尽管在公益目的性方面，国有土地上的房屋征收与集体土地征收不尽一致，但在确立比例原则方面，《国有土地上房屋征收与补偿条例》却为对集体土地征收拆迁的司法审查提供了思维范式，亦即即便满足了公益性要求的建设项目，也未必符合比例原则的要求，因而未必能纳入国家集体土地征收的范围。如为政府办公楼建设而征收土地，满足了公共利益需要的目的性要求，但目的之正当并没有证成建设规模和征地范围之正当。可见，要实现宏观上"逐步缩小征地范围"的目标，不仅要强化公益目的性对征地权启动的限制，而且必须适用比例原则，来进一步限缩公益项目用地的范围。[①]

（3）利益衡平原则。衡平观念可以在亚里士多德的著述中找到其源头，依亚里士多德所见，衡平不是法律，而是法律精神的体现，是在调整人与人之间相互关系过程中形成的关于公平、正义、合理的精神和习惯，因而是司法正义的一个重要侧面。[②] 利益衡平原则要求，在集体土地征收的过程中，就主体及其权利而言，不仅要协调集体成员、集体经济组织和政府的纵向利益、外部利益，还要兼顾集体成员之间的横向利益、内部利益。一方面，将法定的征收范围、公平合理的征收补偿和正当的征收程序，作为征地权力行使的边界，保障被征收土地权利人合法权益，制约行政权的任意扩张。另一方面，将社会公共利益作为私人财产权行使的限度，防止私权的过度行使对社会公益的实现形成障碍。利益衡平原则的核心是协调私人利益和公共利益，作为人权的发展权体现的是，需要对弱者予以倾斜性保护，这不仅是还权于民、赋权于民的具体要求，也是宪政上发展权的具体体现。[③]

（4）实体保障优先原则。实体保障优先源于实质法治主义的要求。依实质法治主义，司法判决除了要受到严格的法律规则本身的约束之外，还要满足政治、经济、文化、道德等外在因素的要求，使之与社会更紧密地结合。[④] 最高人民法院副院长江必新认为，实质法治主义强调纠纷的实质性解决，包含三层意思：案件已经裁决终结；当事人之间的矛盾真正地得以解决，没有留下后遗症；通过案件的审理，明晰了此类案件的处理界限，行政机关和社

[①] 房绍坤、王洪平："集体土地征收改革的若干重要制度略探"，载《苏州大学学报》2013 年第 1 期。

[②] 秦策、张镭：《司法方法与法学流派》，人民出版社 2011 年版，第 266 - 267 页。

[③] 陈小君："农村集体土地征收的法理反思与制度重构"，载《中国法学》2012 年第 1 期。

[④] 范春莹：《法律思维研究》，法律出版社 2012 年版，第 113 页。

会成员能够自动根据法院的判决调整自身行为。① 在集体土地征收拆迁行政诉讼案件中遵循实体保障优先的原则：一方面，要求能动适法，即在相关立法已经严重滞后、法律与政策之间缺乏衔接的情况下，要以是否有利于保护或是否有可能妨害被征收土地权利人的合法权益作为适用低效力层级规范性文件的标准，对于符合社会发展要求，超前的、授益性的、有利于保护相对人合法权益的地方规章及其他规范性文件，应予以肯定和适用。② 另一方面，要强化个案公正与社会公正相统一的意识，寻找两者的最佳结合点，通过充分协调、调协优先，以合意的方式解决征地补偿问题，切实解决被征收土地权利人的现实利益诉求，最大限度地化解社会矛盾。

（二）对集体土地征收拆迁行政诉讼中几个具体法律适用问题的分析处理建议

1. 集体土地征收拆迁行政诉讼中的原告主体资格问题

集体土地征收拆迁过程中涉及的当事人主要有三方：征收人、被征收人、需用地人。鉴于土地的多用途性及利用的复杂性，受到土地征收影响的不仅仅是土地的所有者，还包括对被征收土地享有独立权利的人以及因土地征收而使其权利受到影响的人，甚至主要的权利人不是所有权人而是该土地的他物权人。因此，明确被征收人的主体资格，就直接关系到谁有权参与到征收法律关系之中，独立享有征收法律、法规所赋予的各项权利，以及认为其权利受到不当侵害时，依法提起行政诉讼寻求司法救济的问题。

（1）作为被征收人的集体土地的所有权人及其代表人的原告资格问题。集体土地的所有权人在土地征收中属于当然的被征收人，也是提起相关行政诉讼的当然原告。问题在于："我国集体土地的所有人是谁？"以及，"谁有资格作为所有权的代表？"依《土地管理法》第十条、《物权法》第五十九条、第六十条的规定，集体所有的代表者包括：村集体经济组织或者村民委员会、村内各该集体经济组织或者村民小组、乡镇集体经济组织。从我国农村目前的实际情况来看，无论是村集体经济组织、村委会、村民小组，还是乡镇集体经济组织，其从成立时起即带有明显的行政色彩，在人、财、物等各个方面都是由乡镇政府直接控制，组织的负责人也大多由乡镇政府的领导兼任或委派，在重大问题的决定上，其实际上是充当了地方政府的代言人，而非农民集体的代表人角色，在基层地方政府的决策与村民的利益发生矛盾与冲突时，其也基本上是政府的附庸。实践中因征地拆迁发生的冲突中，也很少看到村集体经济组织、村委会作为农民利益代表者的身影，甚至有一些冲突就发生在村民与村委会之间。可见，在集体土地征收中，由于村集体经济组织、

---

① 江必新："论实质法治主义背景下的司法审查"，载《行政执法与行政审判》2011年第6集，中国法制出版社2011年版，第25页。

② 江苏省高级人民法院行政审判庭："农村集体土地征收行政案件审理疑难问题研究"，载《法律适用》2010年第6期。

▶ **055**

村委会、村民小组、乡镇集体经济组织实际都受制并听命于地方政府,由他们作为土地征收中被征收人的代表,实际上就使我国的集体土地征收沦为在上下级政府之间的一场土地所有权的流转游戏,① 因而不具有正当性和可行性,也谈不上在集体成员的利益受损时,由他们提起行政诉讼以获得法律救济。那么,谁有权作为土地所有者与被征收人的代表?我们认为,关键还在于对《物权法》第五十九条第一款"农民集体所有的不动产和动产,属于本集体成员集体所有"中"本集体成员集体所有"的正确理解和把握。对此,一种观点认为,"本集体成员集体所有"是一种比较特殊的共有关系,实际上是把权利落实到村民头上。② 另一种观点认为,在成员集体所有下,农民作为成员和集体共同对集体财产享有所有权。③ 我们认为,将"本集体成员集体所有"理解为一种特殊形态的共同共有似乎更为合理,这种共同共有是基于共同共有本集体成员的资格而成立,基于法律的规定而发生,在共同共有存续期间共有人对共有物共同地享有权利、承担义务。据此,可依《村民委员会组织法》第二十五条的规定,由本集体全体成员推选村民代表来代表本集体成员并以被征收人代表的身份直接参与土地征收。对在土地征收过程中产生的行政争议,应当允许半数以上的村民、三分之二以上的村民代表以集体经济组织或全体村民的名义提起行政诉讼。

(2)集体土地上的他项权利人的原告资格问题。集体土地上的他项权利人包括土地承包经营权人、宅基地使用权人、自留山、自留地使用权人、集体建设土地使用权人、地役权人等用益物权人和土地承包经营权的抵押权人、集体建设用地及其建筑物的抵押权人等抵押权人以及土地承包经营权的转承包人、承租人等其他权利人。关于用益物权人在土地征收中的法律地位,主要见于《物权法》第一百二十一条、第一百三十二条的规定。依上述规定,再结合《物权法》中关于用益物权制定的其他规定,享有被征收人主体资格的用益物权人除土地承包经营权人之外,还包括宅基地使用权人、地役权人。自留山、自留地使用权由于其与宅基地使用权一样都属无期限、具有福利性质、更接近于自物权的使用权,因此,自留山、自留地使用权人应当具有被征收人的主体资格,当然也具有行政诉讼的原告主体资格。对集体建设用地使用权是否构成独立的征收客体,一种观点认为,集体建设用地使用权不应与土地承包经营权和宅基地使用权一样成为独立的征收客体。主要理由是:土地承包经营权与宅基地使用权可以成为独立的征收客体并给予单独补偿,并非基于其用益物权的属性,而是基于土地承包经营权和宅基地使用权所承载的均等的集体福利和社会保障利益。由于集体建设用地使用权人要么是本集体经济组织,导致所有权主体与使用权主体在广义上的混同,因而没有必

---

① 王克稳:"论我国集体土地征收中的被征收人",载《苏州大学学报》2013年第1期。
② 尹田:《民法思维之展开》,北京大学出版社2008年版,第258页。
③ 王利明、周友军:"论我国农村土地权利制度的完善",载《中国法学》2012年第1期。

要使集体建设用地使用权成为独立的征收客体；要么是乡镇企业等其他主体，基于其取得集体建设用地的非市场性，因而也不应允许获得集体建设用地使用权的单独补偿。① 另一种观点认为，应当明确集体建设用地使用权征收的权利客体地位，并赋予集体建设用地使用权人独立的被征收人和行政诉讼的主体资格。主要理由是：虽然受制于《土地管理法》和《城市房地产管理法》等法律的规定，《物权法》在设计建设用地使用权时未能将国有建设用地与集体建设用地的使用权统一起来，仍将建设用地使用权的客体局限在国有土地上，但只要存在集体建设用地，集体建设用地使用权就是一种客观存在的、具有用益物权性质的权利。并且，认为土地承包经营权和宅基地使用权构成独立的征收客体并非基于其用益物权属性而是基于其所承载的集体福利和社会保障利益，不仅否定了《物权法》第一百二十一条、第一百三十二条关于用益物权构成独立的征收客体的立法精神，也使征收补偿失去了客观的标准和依据。② 我们认为，根据《物权法》第一百五十一条、《土地管理法》第十一条第二款的规定，既然我国立法在客观上已经认可集体建设用地客观存在的事实，那么就应当认定集体建设用地使用权的用益物权属性。既然集体建设用地使用权依法属于用益物权的一种，那么基于用益物权的独立属性，集体建设用地的使用权人就必然具有独立的被征收人主体资格，依法享有提起行政诉讼的权利。此外，根据《物权法》第一百七十四条的规定，抵押权构成一类独立的物权，在担保期间担保财产被征收的，抵押权人享有优先受偿权，应当具有独立的被征收人主体资格和提起行政诉讼的权利。至于土地承包经营权的转承包人、承租人等权利人在土地征收中的法律地位，因转承包权、承租权等权利不能构成独立的用益物权而仅属债权，而债权在我国立法上尚不能构成独立的征收客体，故对转承包权、承租权人因土地征收受到的损失，可以通过与承包经营权人之间的合同约定解决，而不能单独提起行政诉讼。

2. 集体土地征收拆迁中几类具体行政行为的可诉性问题

（1）征用土地公告、征地补偿安置方案公告的可诉性问题。对征用土地决定、征地补偿安置方案进行公告，是土地征收的法定必经程序。实践中有意见认为，该两公告仅是对征地决定的内容或征地补偿安置方案进行公开告知，属于程序性行政行为，并不直接影响相对人的权利义务，且《征用土地公告办法》也未明确该两公告属于可诉的具体行政行为，故对两公告提起的行政诉讼，依法不属于行政诉讼的受案范围。另一种意见则认为，两公告既是征地决定的程序性公开告知，又是征地决定的实施步骤，应当属于行政诉讼的受案范围。③ 我们同意后一种意见，两公告本质上属于省级以上人民政府

---

① 陈小君："农村集体土地征收的法理反思与制度重构"，载《中国法学》2012 年第 1 期。
② 王克稳："论我国集体土地征收中的被征收人"，载《苏州大学学报》2013 年第 1 期。
③ 江苏省高级人民法院行政审判庭："农村集体土地征收行政案件审理疑难问题研究"，载《法律适用》2010 年第 6 期。

作出的征收土地批准文件的外部化表现形式，是整个征地程序中最为重要的两个程序。基于征地批准文件依法属于不可诉的行政行为，如再对两公告行为限制起诉，无疑将使被征收土地权利人在整个征地拆迁过程中处于更加不利和被动的境地，不符合行政诉讼法"保护行政相对人合法权益、监督支持行政机关依法行政"的立法宗旨。而且，《征用土地公告办法》未明确规定两公告的司法最终救济渠道，也不能对抗被征收土地权利人基于《行政诉讼法》本身所享有的对两公告行为的诉讼权利。同时，我们认为，根据《征用土地公告办法》第四条、第五条、第七条、第八条的规定，如相对人认为公告的主体、程序、内容等不符合法律规定，不仅可以提起行政诉讼，请求人民法院确认其违法，还可据此行使拒绝办理登记、补偿安置的权利。

（2）对有争议的补偿安置标准作出的裁决行为的可诉性问题。对有争议的补偿安置标准的裁决行为，实践中有观点认为，根据《土地管理法》第四十七条第三款的规定，该补偿安置标准是省级人民政府制定的、可以反复适用的抽象行政行为，故对该抽象行政行为的裁决，不属于行政诉讼的受案范围。我们认为，一方面，补偿安置标准既可能是省级人民政府制定的可反复适用的标准，也可能是包含市、县人民政府对征收特定土地所适用的具体补偿标准和方案，而后者显然属于行政诉讼的受案范围。而对前者，我们认为也同样属于行政诉讼的受案范围。主要理由在于：虽然《土地管理法实施条例》第二十五条第三款确立了对争议的补偿安置标准终局裁决的行政救济方式，但依据《行政复议法》第六条第（十一）项的规定，只要公民、法人或其他组织认为行政机关的其他具体行政行为侵犯其合法权益，均可提起行政复议。同时，根据该法第三十条第二款的规定，目前我国仅"省、自治区、直辖市人民政府确认土地、矿藏、水流、森林、山岭、草原、荒地、滩涂、海域等自然资源的所有权或者使用权的行政复议决定"这一种复议终局的情形。因此，《土地管理法实施条例》所确立的争议的征地补偿标准行政裁决终局的解决方式，就与《行政复议法》的规定发生冲突，应归于无效。可见，当事人不服省级人民政府作出的补偿安置裁决的，依据《行政复议法》第六条、第十四条的规定，首先应当向该省级人民政府提起行政复议，如当事人不服该行政复议决定的，仍然可以该省级人民政府为被告提起行政诉讼。

（3）责令交出土地的决定的可诉性问题。责令交出土地的决定，是行政机关执行土地行政征收决定、取得土地占有最为常用的行政手段。一种意见认为，责令交出土地的实质是土地征收决定及实施行为的延续，没有为行政相对人设定新的权利义务，故不属于行政诉讼的受案范围。另一种意见认为，责令交出土地的目的在于使被征收的土地转移占有，故在性质上属行政强制执行行为，该行为所面对的对象是特定化的，对相对人的权利义务产生重要影响，故应属于行政诉讼的受案范围。① 我们认为，责令交出土地的决定不同于土地征收决定，前者作出的主体是县级以上土地行政主管部门，后者作出的主体是有权批准征地的省级以上人民政府。依据《土地管理法实施条例》第四十五条的规定，在决定责令相对人交出土地的过程中，包含了对被征收土地权利人阻挠国家建设征收土地情形的认定，并且明确了相对人对土地的占有权、使用权的终结时间，实质上设定了新的权利义务，而且由于责令交出土地属于对当事人重大利益的调整，其作出的过程中必然应当体现程序正当的原则，故应当赋予当事人对此类行政行为提起行政诉讼的权利。

3. **集体土地征收拆迁中具体行政行为以公告方式送达的起诉期限问题**

实践中，集体土地征收拆迁过程中具体行政行为通过公告送达的主要有三种情形：一种是土地权利人涉及人数众多，无法逐一送达，故依法采用张贴公告的形式告知；另一种是找不到当事人，行政机关依据《民事诉讼法》规定的方式公告送达；还有一种是行政机关为避免与土地权利人正面接触，在未直接送达的情形下，径行公告送达。诉讼中，对行政行为公告送达的起诉期限如何计算有不同意见。一种意见认为，被诉行政行为经过公告的，自公告确定的期限届满之日，应当视为土地权利人已经知道具体行政行为的内容，如行政行为的内容与公告内容不一致的，公告不能作为推定应当知道的根据。另一种意见认为，在无法直接送达的情况下，被诉行政行为经过公告的，自公告确定的期限届满之日可视为土地权利人已经知道具体行政行为的内容，但在未直接送达径行公告的情形下，由于该公告送达不符合《民事诉讼法》的规定，应视为该具体行政行为未送达而对相对人不发生法律效力。还有一种意见认为，虽然行政机关张贴或发布了公告，但当事人由于不在当地等原因并不知晓，故对行政行为进行的公告不足以证明当事人知道该行政行为，应当以行政机关专门送达当事人之日计算起诉期限。② 我们认为，如果行政行为依法可以以张贴公告的形式告知的，应当确认该公告送达的效力，否则将会使行政行为始终处于不确定状态，不利于行政效率。同时，结合《最高人民法院关于审理涉及农村集体土地若干问题的规定》第九条的规定，在行政机关直接送达不能的情况下，涉及农村集体土地的行政决定以公告方式送达的，起诉期限自公告确定的期限届满之日起计算；但在行政机关未直接送达而径行公告的情形，应视为该具体行政行为未送达而对相对人不发生法律效力。

4. **集体土地征收拆迁中的连环诉讼问题**

由于集体土地征收拆迁并非只是一个行政行为，而是由程序性、顺序性

---

① 江苏省高级人民法院行政审判庭："农村集体土地征收行政案件审理疑难问题研究"，载《法律适用》2010 年第 6 期。

② 赵大光、杨临萍、马永欣："最高人民法院《关于审理涉及农村集体土地行政案件若干问题的规定》的理解与适用"，载《行政执法与行政审判》2011 年第 4 集，中国法制出版社 2011 年版，第 34 - 35 页。

很强的一系列行政行为构成,实践中,就会经常出现行政相对人同时、分别起诉征地所涉及的批准、公告、补偿、裁决、房屋拆迁等不同环节的行政行为,从而形成连环诉讼。由此带来的问题是,如果被征收人分别起诉同一征收项目中不同环节的不同行政行为,法院应如何立案受理。一种意见认为,对同一征收项目中依次发生的不同行政行为,只应受理最终影响其权益的行为,对同一征收项目中的后续行政行为受理过的,前置行政行为不予受理。另一种意见认为,被征收人分别起诉同一征收项目中依次发生的不同行政行为的,人民法院应当分别立案,并按照被诉行政行为作出的顺序依次审理。在作为后续行政行为基础的前置行政行为的审理期间,涉及后续行政行为的案件应当扣除审理期限,等前案审理结束后再恢复审理。对前置行政行为未同时起诉的,对该前置行政行为的法律文书一般只作证据进行审查。审查的方法可参照《关于审理行政许可案件若干问题的规定》第七条的规定,即前置行政行为存在重大明显违法情形的,不能作为认定后续行政行为合法的根据。① 我们同意后一种观点。一方面,如起诉后置行为的,对未被起诉的前置行为一般只作证据审查;如前置行为存在重大明显违法情形的,则不能作为维持被诉行政行为的根据。另一方面,如不同环节的行政行为同时被诉,起诉后置行为的案件应先行中止,待被诉前置行为终审审理后再恢复审理。实践中,不少行政机关在前置行政行为违法的情况下,极力造成土地已经被实际征收使用的既定事实,从而以影响社会稳定为由,迫使人民法院放松司法审查标准,对此应坚决抵制。②

5. 集体土地征收中的公共利益界定问题

按照《物权法》的逻辑,公共利益是对物权的支配性和排他性作出限制的理由或正当性根据。③ 毋庸置疑,与国有土地上房屋征收一样,集体土地征收也必须直视征收与公共利益的关系问题。如前文所述,尽管《国有土地上房屋征收与补偿条例》第八条采用概括加列举的方式,对"公共利益需要"作出了较为明确地界定,但较之于城市不动产征收,农村不动产征收由于承载着更为重大的社会公益属性——粮食安全问题,因而不宜完全照搬城市不动产征收中的公共利益标准或对公共利益作出较为宽泛的解释。我们认为,在目前的法律框架下,对是否符合"公共利益需要"的司法审查,应当引入比例原则,以限缩公益性和经营性建设用地的征地范围。在认识论上,为防止公共利益的异化和泛化,应对公共利益、政府自身利益、商业利益做必要的区隔——只有为了急迫与重大的公共利益,方可启动土地征收程序,而一

---

① 江苏省高级人民法院课题组:"国有土地上房屋征收与补偿司法审查若干问题研究",载《江苏法院司法调研成果集》,法律出版社2012年版,第629页。

② 江苏省高级人民法院行政审判庭:"农村集体土地征收行政案件审理疑难问题研究",载《法律适用》2010年第6期。

③ 丁利、韩光明:"现状还是底线?——征收拆迁中的补偿与规则适用",载《政法论坛》2012年第3期。

般的公共利益尤其是交织政府自身利益、商业利益的公共利益，并不足以构成对集体土地实施国家征收的理由。① 也有学者提出了公共利益界定的主客观标准说：一方面，当主观上是为了公共利益，而进行项目开发仅是实现公共利益的手段时，政府征收土地的行为就具有正当性。另一方面，客观上如果项目开发不在综合的城市规划中，那么源自该项目开发的不动产征收肯定是违宪的，如果项目开发是在综合的城市规划中，那么判断该问题就需要进行更复杂的考量，其中包括复杂的利益平衡——是特定的私人受益多，还是公众受益多。② 无疑，该标准对于经济快速发展与城镇化急速扩张的当下而言，具有重要的启示意义。

6. 集体土地上房屋的征收补偿问题

（1）宅基地使用权的征收补偿问题。如前文所述，根据《物权法》第一百二十一条的规定，宅基地使用权作为用益物权的一种典型形态，是一类独立的被征收客体，依法属于征收补偿的对象。问题是：如果要补偿，受偿主体是集体经济组织还是农民个人，以及宅基地使用权补偿的标准如何确立？对宅基地使用权的受偿主体问题，一种观点认为，我国农民宅基地是无偿取得的，也没有出卖宅基地使用权的权利，这与以出让方式取得的国有土地使用权有着本质的区别。而且，一旦农民的房屋被依法征收，只要其身份没有变化，就可以重新申请新的宅基地。因此，在征收集体土地上房屋时，应当是由集体取得建设用地（宅基地）的出让价值，由房屋所有人取得房屋的市场交换价值。③ 另一种观点认为，一方面，根据《土地管理法》第六十二条第一款、第四款有关农民出卖、出租住房后不再给予宅基地的规定，立法显然认可了农民可以合法、有偿地转让宅基地，因此，认为农民无权出卖宅基地使用权就与立法规定和事实不符。另一方面，农民无偿获取宅基地使用权、土地承包经营权，实质上是以其农村集体经济组织成员身份为对价的，这种对价在很大程度上是国家给予农民的一种制度性保障。因此，农民依法取得的宅基地使用权也不是无偿的，而是有代价的，所谓农民免费获得宅基地使用权的说法也存在问题。④ 我们认为，农民是否有权获得宅基地使用权的征收补偿，关键是要准确把握在我国的不动产征收中，实行的是"地随房走"的物权变动规则，还是"房随地走"的物权变动规则。一方面，在土地公有制的背景之下，我国的国有土地使用权、宅基地使用权，在很大程度上已经具有了"准所有权"的性质；另一方面，对公民而言，房屋乃私人最为重要的

---

① 欧阳君君："集体土地征收中的公共利益及其界定"，载《苏州大学学报》2013年第1期。

② 刘连泰："将征收的不动产用于商业开发是否违宪——对美国相关判例的考察"，载《法商研究》2009年第3期。

③ 韩松："新农村建设中土地流转的现实问题及其对策"，载《中国法学》2012年第1期。

④ 王太高："论集体土地上房屋征收补偿立法模式——基于宪法规范的展开"，载《苏州大学学报》2013年第1期。

私有财产,如在不动产征收中实行"房随地走"的物权变动规则,则《宪法》第十三条第三款"国家为了公共利益的需要,可以依照法律规定对公民的私有财产实行征收或者征用并给予补偿"将无法真正得到落实。因此,在我国的不动产征收过程中,只要土地上有房屋,就应当将征收的客体界定为房屋所有权而非土地所有权,即房屋所有权人根据"地随房走"的物权变动规则,一体获得房屋、土地的征收补偿。实际上,上述规则已经在《国有土地上房屋征收与补偿条例》中得到了较为清晰地表达。根据该条例第十九条的规定,国有土地上房屋征收补偿的内容有房还有地,对地的补偿包含在房屋的补偿中,亦即土地使用权的受偿主体是房屋所有权人而非国有土地所有权人。实际上,认为由于农民无偿获得宅基地,所以在征收中就不应再对农民的宅基地使用权作出补偿的观点,在逻辑上存在错误。农民的宅基地使用权在征收中是否获得补偿,与其之前获得该财产权的方式、有偿与否等并没有必然联系,这就如同受赠予或继承而来的房屋,在征收中也要获得补偿是同样的道理。基于以上认识,宅基地使用权的补偿对象,就应当是宅基地上房屋的所有权人而不是宅基地的所有权人。其补偿标准,结合目前我国集体建设用地使用权流转的事实已经普遍存在,宅基地使用权的市场价格能够形成的实际情况,可以准用《国有土地上房屋征收与补偿条例》第十九条的规定,即根据征收发生时的土地市场价格来确定宅基地使用权的补偿标准。明确集体土地上房屋征收时应当对宅基地使用权人予以补偿,具有十分重要的理论和实践意义:既然征收集体土地房屋时,对宅基地使用权同样予以补偿,那么对农民房屋的征收补偿就不能以地上附着物为标准;既然宅基地的受偿主体是使用权人而非土地所有权人,那么集体土地上的房屋征收与国有土地上的房屋征收就不应该有本质上的差异。[①]

(2)集体土地上房屋的征收补偿问题。如上文所述,由于我国征收城乡房屋的宪法依据是统一的,因此,以类似或相同的标准和方式,对国有建设用地使用权、国有土地上房屋以及宅基地使用权、集体土地上房屋予以补偿也不存在法理上和技术上的障碍。事实上,就征收的目的而言,其指向并非是房屋所有权而是与房屋有关的土地使用权。站在房屋所有人的角度,房屋征收意味着其房屋所有权和依法享有的土地使用权消灭,这在土地国有或集体所有的情况下并无差异。[②] 现行立法仅将集体土地上房屋作为地上附着物进行补偿,存在明显的缺陷,特别是对位于城市规划区范围内、被城市建成区用地包围或半包围的、没有或是仅有少量农用地的城中村,由于其具有农村和城市双重特征,在区位上表现出的使用价值与城市国有土地已基本无异,土地使用人的生产、生活方式也与城市趋同,如仍采用城乡房屋征收补偿的

---

① 王太高:"论集体土地上房屋征收补偿立法模式——基于宪法规范的展开",载《苏州大学学报》2013年第1期。

② 王太高:"论集体土地上房屋征收补偿立法模式——基于宪法规范的展开",载《苏州大学学报》2013年第1期。

二元分立标准，将无法保障被征地农民的居住问题，严重损害农民的合法权益。因此，从消除我国房屋征收补偿上的差别对待、减少城乡对立、有效弱化官民对抗出发，我们认为，对农村集体土地上的房屋征收补偿标准，应当准用《国有土地上房屋征收与补偿条例》的有关规定执行补偿。此外，对没有经过批准所进行的建设是否补偿、如何补偿的问题，实践争议较大。现实中，由于历史、政策、民俗、习惯等原因，在农村未经依法审批或审批手续不完备的建筑物、构筑物大量存在，情形复杂。我们认为，应首先根据宅基地使用权证、房屋产权证等权属证书，认定房屋的合法建筑面积和用途；对没有权属证书、但属于农村基本生活居住需要用房的，从保障被征收土地权利人基本生产生活需要的角度，依公平原则，应认可其合法性；对行政机关罔顾房屋的演进、历史过程，以拆违名义对被征收土地上的房屋实施强制拆除的，应以"动机必须合目的"的正当性原则对行政机关加以制约。在具体的补偿标准上，行政机关具有一定的裁量权限，除非补偿标准明显不当，法院以不予干预为宜。①

7. 责令交出土地决定的合法性审查问题

如前所述，根据《土地管理法实施条例》第四十五条的规定，县级以上人民政府土地主管部门对违反土地管理法律、法规规定，阻挠国家建设征用土地的，有权责令土地权利人交出土地，对相关权利人拒不交地的，可以申请人民法院强制执行。鉴于土地使用权、房屋所有权涉及农民的重大利益，一旦征拆即不可逆转，无法恢复原状，如果征地违法还将严重损害农民权益，故应当严格审查责令交出土地决定的合法性问题。我们认为，根据《最高人民法院关于审理涉及农村集体土地若干问题的规定》第十四条的规定，对责令交出土地决定的合法性审查，应从以下三个方面展开：一是作出决定的主体是否具有相应的职权依据，即只有县级以上人民政府土地主管部门才有权作出决定，其他的行政机关如作出该决定，即属于超越职权的行为；二是作出决定的程序是否符合正当法律程序的要求，即基于决定涉及对相对人重大利益的调整，行政机关在作出决定前，有义务听取相对人的陈述和申辩；三是作出决定所依据的征地行为实施程序是否完备，征地补偿安置费用是否已足额到位；四是相对人是否实际实施了阻挠征收土地的行为，即被征用土地权利人是否无正当理由拒绝办理征地补偿登记手续、拒绝签订补偿安置协议、拒绝领取安置费用，其拒不交出土地是否已影响到征收工作的正常进行等。②

（三）对人民法院依法预防和化解集体土地征收拆迁行政争议的建议

---

① 江苏省高级人民法院行政审判庭："农村集体土地征收行政案件审理疑难问题研究"，载《法律适用》2010年第6期。

② 赵大光、杨临萍、马永欣："最高人民法院《关于审理涉及农村集体土地行政案件若干问题的规定》的理解与适用"，载《行政执法与行政审判》2011年第4集，中国法制出版社2011年版，第37页。

1. 坚持正确导向，增强司法调控能力，依法受理、公正审理各类因集体土地征收拆迁引发的行政诉讼案件

全市法院应充分认识到行政审判是行政执法的评价机制和监督机制，加强司法监督，对于推动土地立法完善、保障城乡统筹发展、保护被征地农民合法权益具有十分重要的意义。依法受理，就是要严格依照《行政诉讼法》及相关司法解释的规定，正确界定受案范围、原告资格，畅通诉讼渠道，加强立案解释工作，确保被征收土地权利人依法正确行使诉讼权利，防止形成征地拆迁的司法救济壁垒。公正审理，就是要在严格遵循行政审判基本规律和征地拆迁立法基本精神的基础上，对被诉集体土地征收拆迁过程中产生的具体行政行为的合法性作出公正评价，对原告的诉讼请求依法作出合理回应。同时，还应针对集体土地征收拆迁行政案件的特殊性，进一步探索和规范诉讼程序，改进审查机制，完善裁判方式。

2. 坚持能动司法，推进依法征收，促进集体土地征收拆迁行政争议的源头预防和化解

全市法院应牢固树立能动司法理念，健全、深化与各级政府、征地拆迁部门的良性互动机制，共同分析研究征地拆迁工作中出现的新情况、新问题，主动对征地拆迁过程中出现的各类涉法问题提供法律意见。对行政审判中发现的违法行为和不规范之处，及时通过类案、个案司法建议提出，推动各级政府、征地拆迁部门严格执行《土地管理法》《土地管理法实施条例》《江苏省土地管理条例》等法律、法规、规章，推进依法行政，力求从源头上预防和减少因征收和补偿问题引起的矛盾纠纷，减少官民冲突，实现官民和谐。

3. 依靠各方支持，形成工作合力，构建多元化解集体土地征收拆迁行政争议的工作机制

全市法院应充分认识到集体土地征收拆迁问题的社会性、复杂性，仅仅靠法院自身的力量难以妥善解决，必须紧紧依靠党委领导、人大监督和政府支持，做到重在规范、重在预防。全市法院应及时向当地党委、人大报告法院依法受理、审理和执行集体土地征收拆迁行政案件的情况，推动建立调处化解矛盾纠纷的综合平台，最大限度地排除不当干扰，切实与各级政府、征地拆迁部门、基层组织形成工作协调、信息共享的良性互动局面，充分保证集体土地征收拆迁司法审判、综合化解工作的顺利开展。

结 语

基于我国特有的二元地权结构模型——土地所有权的国家和集体所有，产生了我国不动产征收法律制度的两种类型——国有土地上不动产征收和农村集体土地征收。随着《国有土地上房屋征收与补偿条例》的颁布实施，我国国有土地上不动产征收制度已初步建立，但农村集体土地的征收拆迁，目前仍主要以《土地管理法》《土地管理法实施条例》为基本规范。制度的陈旧、缺失、过于追求城市化与现代化的速度与效率，使得国家征收权在当下的中国已经背离了保障公民财产权利、实现社会公共利益设置的目的，异化

为侵犯农民土地权利的工具。① 而要消除这种因政府征收权的日益扩张所带来的不断逼近的威胁,就必须从司法的层面对国家征收权进行有效的制衡。②

本课题主要基于司法实践层面,对如何在既定的法律框架内妥善应对集体土地征收拆迁问题,更好地保护被征地农民的重大宪法法律权利,抑制国家征收权特别是公共利益的扩张,作了一些探讨和研究。由于研究对象所限,本文对集体土地征收拆迁的立法完善未作过多涉及,但从当前研究成果来看,理论界已经为《集体土地征收补偿条例》的出台,蓄积了较为丰硕的研究成果。例如,房绍坤教授认为:无论是《土地管理法》的修改,还是《集体土地征收补偿条例》的制定,都必须解决好一系列重要的制度设计问题,这其中就包括:通过比例原则进一步限缩征地范围,构建经营性建设用地市场取得机制,确立管制性征收制度规范土地用途,明确房地一体征收、分别补偿制度,通过协议价购程序弱化征地强制性,构建征地无效与失效制度以遏制权力滥用,建立先补偿后腾地的事前补偿机制,以及确立司法最终救济的征收解纷机制等。③ 又如,杨建顺教授认为:我国在致力于相关救济机制完善的同时,应当更注重土地征收中的利益均衡,借鉴法治发达国家正当的补偿之经验,从财产权利的物权平等原则出发,以保护各个不同主体的利益,为被征地者、被拆迁人的生活再建提供法律和制度保障。④ 尽管《集体土地征收补偿条例》出台尚需时日,但从这些理论成果中所折射出的行政法基本理念,如比例原则、正当程序原则、物权平等原则、利益衡平原则,以及司法救济的终局性原则等,应当在当下的集体土地征收拆迁行政诉讼中得到体现,以真正实现司法对行政有效监督的宪法价值。

---

① 张明:"国家征收权的异化及其限制",载《河北法学》2012年第5期。
② D. 扎卡里·哈德逊:"土地征收的正当程序",牟效波译,载姜明安主编:《行政法论丛》第14卷,法律出版社2012年版,第171页。
③ 房绍坤、王洪平:"集体土地征收改革的若干重要制度略探",载《苏州大学学报》2013年第1期。
④ 杨建顺:"征收中的利益均衡",载《浙江社会科学》2013年第9期。

关于泉州市集体土地征收相关行政诉讼案件的调研报告

陈慧瑛　江炳溪

前　言

集体土地征收补偿制度改革是当前社会的热点问题，党的十七届三中全会要求要严格界定公益性和经营性建设用地，逐步缩小征地范围；党的十八大报告明确要改革征地制度，提高农民在土地增值收益中的分配比例；2012年11月30日，国务院讨论通过《中华人民共和国土地管理法修正案（草案）》，拟对征收补偿制度进行修改。

近年来，我市的集体土地征收工作出现了一些新情况、新问题，特别是随着《国有土地上房屋征收与补偿条例》的实施及最高法院相关规定的出台，这些问题涉及面更广、社会影响更大，土地征收行政案件的处理已经成为法院行政审判的工作重点，同时该类案件的申诉上访也成为政府信访工作的重要组成部分。如何正确处理好土地征收行政案件，对保护老百姓利益、平衡公共利益、维持社会稳定有着极其重要的意义。本篇立足总结2008年至2012年五年来泉州地区集体土地征收行政案件特点，分析该类行政案件存在的法律问题及成因，并提出做好集体土地征收工作的对策和建议。

一、2008年至2012年全市集体土地征收相关行政案件分析

近年来，我市城市建设力度相对比较大，因此土地征收的范围也比较广，所涉集体土地征收工作量也比较大。从法院行政审判所涉及的因土地征收引发的行政案件来看，呈现出以下几个方面的特点：

第一，从案件数量来看，全市一审集体土地征收行政案件从2008年至2010年大幅增长后，2011年、2012年小幅度下降，但数量仍相对较大。2008年至2012年，全市一审集体土地征收行政案件收案数分别为5件、31件、49件、47件、32件（共164件），所占当年一审行政案件收案数比例分别为1.6%、11.5%、14.8%、13.2%、11%。

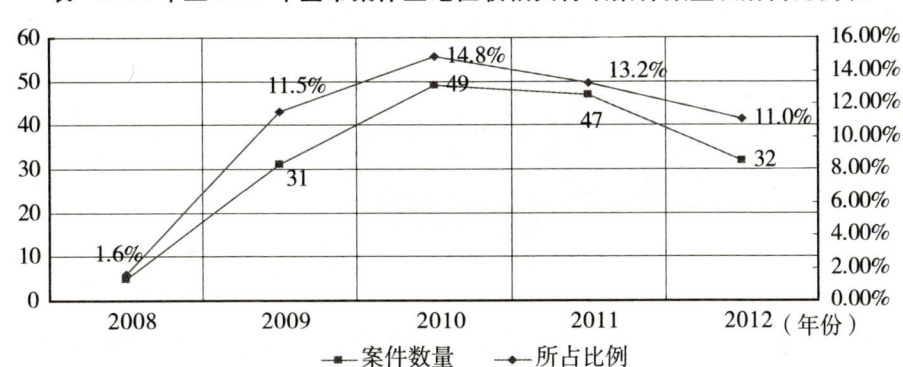

表 2008 年至 2012 年全市集体土地征收相关行政案件数量及所占比例表

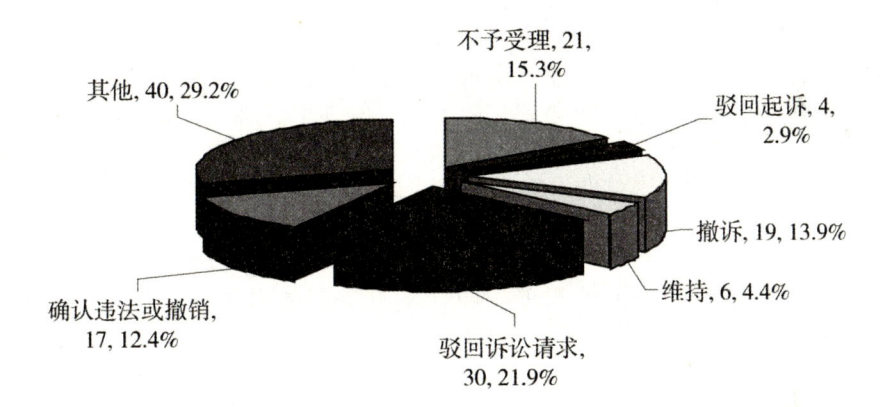

图 1 2008 年至 2012 年全市一审集体土地征收行政案件结案方式统计图

第二，从结案方式来看，2008 年至 2012 年共审结一审集体土地征收行政案件 137 件，其中判决驳回诉讼请求 30 件，占 21.9%；裁定不予受理 21 件，占 15.3%；裁定撤诉 19 件，占 13.9%；判决确认违法或撤销 17 件，占 12.4%；判决维持 6 件，占 4.4%；裁定驳回起诉 4 件，占 2.9%；以其他方式结案 40 件，占 29.2%。

第三，从案源分布来看，晋江、安溪、石狮、南安涉及的集体土地征收行政案件占绝对比例。2008 年至 2012 年，各县（市、区）涉及集体土地征收行政案件数分别为：晋江 108 件，占 65.9%；安溪 22 件，占 13.4%；石狮 16 件，占 9.8%；南安 10 件，占 6.1%；泉港 5 件，占 3.0%；惠安 3 件，占 1.8%；其他 0 件。

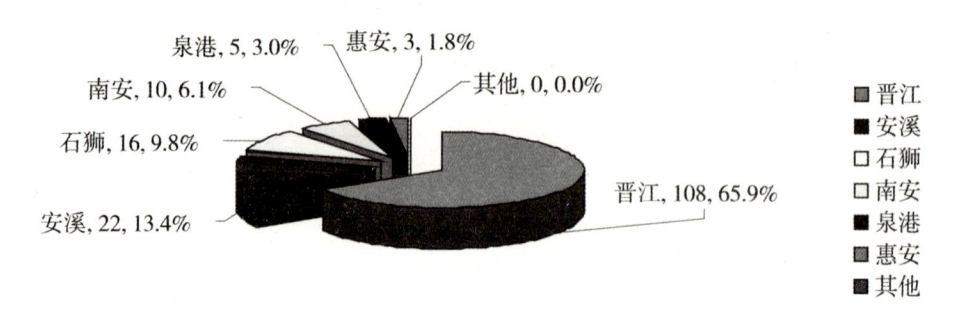

图2 2008年至2012年各县（市、区）一审集体土地征收行政案件分布图

第四，从案件人数来看，集体土地征收行政案件呈现明显的群体性特点。土地征收工作涉及面广、社会影响大，容易激化社会矛盾，因此对比一般行政案件，土地征收工作往往涉及众多被征收人，不少行政案件所涉及的当事人人数在十人以上，有些甚至达到三四十人。案件审理结果关系到众多老百姓的切身利益，带有群体性的性质，一旦处理不好就很容易导致被征收人集体上访，甚至聚众闹事事件的发生，影响社会稳定。例如，黄和鸽等32人诉南安市人民政府、省新镇人民政府实施土地征收行政案件，叶建煌等24人诉安溪县国土资源局土地行政强制案件，许自电等18人诉晋江市安海镇人民政府土地行政征用案件，陈双路等12人诉晋江市人民政府土地行政征用案件，当事人人数均比较多，导致的社会影响较大。

第五，从败诉率来看，政府集体土地征收仍存在着许多问题，但判决败诉的案件比例仍相对较低，2008年至2012年一审集体土地征收行政案件败诉率为12.4%。分析其原因：一是被征收人对相关法律法规及政策片面理解、盲目起诉，诉讼能力较差，故无法胜诉。二是法院在审理过程中，权衡公共利益和公民个人利益时更多地考虑城市和社会发展的客观需要，因而在利益衡量上对社会公共利益有所倾斜。三是对于一些存在程序瑕疵的行政案件，从服务政府工作大局的角度考虑，也往往是判决驳回原告诉讼请求或者维持被诉行政行为。

第六，从案件处理来看，土地征收类行政案件协调工作难度加大。自2011年以来，国家出台了许多关于制约违法土地征收工作的新的政策法规，最高法院也提出要依法依规办理该类行政案件，充分保障被征收人的权益。从审理案件中发现，不少当事人和政府对立情绪强烈，政府违法征收土地的现象依然存在。被征收人对于补偿安置的要求越来越高，与政府所提供的补偿安置标准差距越来越大，因此协调工作难度非常大。另外，也有不少被征收人漫天要价，动辄要求补偿几百万甚至上千万，根本无法开展协调工作。

二、全市集体土地征收行政案件存在的法律问题分析

根据调研组对2008年以来新收的164件一审集体土地征收行政案件以及

相关的二审行政案件的梳理，发现我市集体土地征收行政案件存在的法律问题主要表现在以下几个方面：

(一) 征收目的方面

从近年来的集体土地征收行政案件来看，征收项目非国家建设用地，却以国家建设为名实施征地行为，在各类建设项目用地中，许多征地的目的都是用于重点企业建设用地、开发区建设、房地产开发等项目，没有区分公益性用地和经营性建设用地的征收。例如，原告黄和鸽、黄孕全等32人不服被告南安市人民政府、南安市省新镇人民政府组织实施征收土地行为一案，该征地建设项目系用于南安经济开发区扶茂工业园建设。又如，上诉人姚荣圳、林秋霞诉被上诉人晋江市国土资源局土地行政处理决定一案，本案被上诉人晋江市国土资源局，就以上诉人姚荣圳、林秋霞阻挠国家建设征收土地为名作出《决定》，但经审查发现，被上诉人并不能举证证明其所实施的征收行为系用于国家建设。

(二) 征收程序方面

第一，土地征收行为的实施主体问题。有些行政诉讼案件中，乡镇或者街道办事处直接以自己的名义发送各种有关土地征收的公告、通知，并实际组织有关人员实施强制拆迁行为。例如，起诉人林金福诉安溪县官桥镇人民政府行政决定一案，安溪县官桥镇人民政府2011年5月30日以自身名义发布《通告》："安溪县南翼新城官桥片区物流园（首期）项目建设工程，将于2011年6月3日开工清理该项目建设用地地块的地表。在该项目建设用地地块征地范围内的青苗、果树、水管等地上物限于2011年6月2日前自行清理完成，否则，将组织依法强制清理。特此通告。"

另外，实践中即使以县（市）政府名义发布征地公告，土地行政管理部门具体组织实施征收工作的，也由于征地工作量大，往往通过委托乡镇具体实施，这样不仅解决了工作人员严重不足的困难，而且能够有效地借助乡、村干部在村民中的个人威望和权力影响。委托征收的负面作用不可避免，面对各种错综复杂的人际关系和利益关系，村干部、党员和村民代表无法完全做到地位超然、彻底公正地对待每一个被征收人。

第二，存在未批先征的违法行为，部分项目未经过审批，就开始征收土地，拆迁房屋，当事人反应激烈。例如，陈永水等12人诉晋江市人民政府行政征用系列案件，晋江市人民政府通过报纸发布了《晋江市人民政府关于晋江市医院迁建项目征收的通知》，决定征收晋江市医院迁建项目范围内的土地和房屋。案发时，经向晋江市人民政府了解，晋江市医院迁建项目仍在办理立项、规划用地等审批手续。虽然该项目系用于晋江市医院迁建，属于公共利益范围，后面也采取了补救措施，该建设项目用地于2011年8月26日经福建省人民政府批准征收，但是未经过相关部门审批，未批先征仍属违法行为。

第三，征地公告内容和补偿安置方案公告内容不详。《福建省实施〈中华人民共和国土地管理法〉办法》第二十二条及第二十三条对征地公告和补偿安置方案公告应当载明的内容进行了规定。但政府发布的部分征地公告和国土资源局发布的补偿安置方案公告欠缺必要说明的内容，且没有加盖相关部门的公章，导致被征地群众产生异议，工作难以开展。例如，柯乌耍等人诉晋江市国土资源局《关于责令限期交出被征收土地的决定》系列案件，政府发布的征地公告缺少了拟征地的四至范围及实施征地的单位两项内容，补偿安置方案公告缺少了征地补偿安置费用总表和计算办法两项内容，公告存在瑕疵。又如，上诉人粘民生诉被上诉人晋江市国土资源局土地行政强制措施上诉一案，《晋江市国土资源局征地补偿安置方案公告》该公告中对城镇村、工矿用地和交通运输用地的地上附着物的补偿标准是"按有关规定补偿"，没有具体的补偿标准，不符合相关规定，故认定公告缺少该部分内容。

第四，征地补偿安置方案，未征询意见，未报市、县人民政府批准就组织实施。例如，郭华南等人诉晋江市人民政府土地行政征收系列案件，根据《土地管理法实施条例》第二十五条规定，"征地补偿、安置方案报市、县人民政府批准后，由市、县人民政府土地行政主管部门组织实施"。本案中，晋江市国土资源局发布的《晋江市国土资源局征地补偿安置方案公告》内容明确载明"本方案在征求意见后，报晋江市人民政府批准组织实施"，说明该征地补偿安置方案公告仅是征求意见稿，晋江市人民政府并没有提供经过其批准组织实施征地补偿安置方案的证据，违反了上述条文的规定，属于程序违法。

（三）补偿安置方面

从近几年的土地征收案件来看，被征收人普遍反映最多和最激烈的问题就是征地安置补偿标准问题，几乎所有土地征收案件的原告都是以政府征地手续不合法如征地程序未履行公告、通知义务等刚性的程序事项作为诉讼理由，申请法院确认被告征地行政行为违法，以便取得与政府协商确定补偿费用的机会。从现有案件来看，补偿安置方面的问题主要表现在：

第一，补偿安置方式单一，以货币补偿为主，且标准偏低。从相关集体土地征收行政案件提交的补偿安置方案来看，目前安置的方案基本上都是以货币补偿为准，按照《土地管理法》的规定，一次性补偿土地补偿费、安置补助费以及地上附着物和青苗补偿费。从审理的案件来看，我市农民被征收后一般能拿到安置补助费和青苗补偿费差不多每亩在3万元至4万元之间，对于今后还要长久维持生计的农民来讲，这样的补偿是偏低的。采用货币安置的方式，政府一次性买断，让农民自谋出路，就业成本全部由农民个人承担，这种单一的货币补偿方式，根本没有考虑到农民的可持续发展，没有根本地解决农民被征地后的后续生活保障问题。

第二，补偿安置标准不统一。由于不同工程项目给予被征收人的安置标准有差别，一些被征收人不理解，以为是某些部门克扣了补偿差价，从而容易引发被征收人集体性的不满情绪，形成不稳定的社会因素。对于违章建筑和合法建筑的安置补偿区分不够明确，补偿标准相差不大，因此导致许多"抢建、违建"现象，持有大量违章建筑的被征收人可以获得大量的安置补偿，而持有合法建筑的当事人所获得安置补偿则较少，对比之下，持有合法建筑当事人当然反应激烈。

第三，补偿金发放方式不够合理。根据《土地管理法实施条例》第二十六条的规定，土地补偿费归农村集体经济组织所有，地上附着物及青苗补偿费归地上附着物及青苗的所有者所有。也就是说，绝大部分征地补偿金是交由集体经济组织负责管理的，且事实上集体经济组织截流土地补偿金，将农民的土地补偿金变相转移，用征地补偿费支付村里行政开支的现象也确实存在，农民实际获得的补偿金偏少，遂反应激烈。

（四）其他问题

有的地方因为规划不尽合理，导致农村土地流失严重，大量土地征用后被闲置，浪费土地的现象严重，土地资源不能得到合理有效地利用。

部分项目存在停水停电、毁路等违法行为，加大了被征收人与政府之间的矛盾，引发社会不稳定因素，也使得协调工作更加难以开展。

三、集体土地征收行政案件的成因分析

（一）《土地管理法》缺乏公共利益限制的条款，导致土地征收权滥用

我国《宪法》第十条第三款、《土地管理法》第二条均规定了，国家为了公共利益的需要，可以依照法律规定对土地实行征收或者征用并给予补偿。但在《土地管理法》第五章建设用地部分，并没有以"公共利益的需要"作为限制，反而进一步规定，"任何单位和个人进行建设，需要使用土地的，必须依法申请使用国有土地"，"依法申请使用的国有土地包括国家所有的土地和国家征用的原属于农民集体的土地"，从而使得行政机关在实践中将《宪法》规定的征地范围从"公共利益"的需要扩大到包括非公共利益需要的一切用地项目，超出了国家征收农村集体土地的目的范围，事实上形成了只要是建设使用土地，无论是公共利益需要，还是经营性建设需要，都可以申请征收土地。在实践中为了经营性建设需要而征收集体土地造成国家土地征收权滥用的现象普遍存在。

（二）《土地管理法》及《土地管理法实施条例》对于征收程序规定过于粗疏，缺少被征收人的实质性参与，导致征收程序空转失范

从《土地管理法》及《土地管理法实施条例》的规定来看，当前土地征收批准程序、征收程序、补偿安置程序都缺少集体土地所有权人、使用权人的实质参与，没有给予被征收人在法律程序上的知情权、抗辩权，是不符合正当程序原则的，主要表现在以下几个方面：

第一，征收审批程序方面，《土地管理法》规定的征地审批启动条件、步骤、时限等要素并不完备，政府可以在集体土地所有权人、使用权人不知情

的情况下，通过"农用地转用审批""征收审批"内部审批程序，将集体土地变成国家所有。基于正当程序的要求，应在"两审批"程序中让集体土地所有权人、使用权人参与介入，并给予其在法律程序上的抗辩权。

第二，征收公告程序方面，一方面征收土地公告，并不是国家为了听取集体土地所有权人、使用权人意见而作的一种告知，它仅仅是将征地的决定通知给他们，要求被征收人服从、执行而已，是一种结果意义上的告知。另一方面，虽然《土地管理法》《土地管理法实施条例》以及《征收土地公告办法》对于土地征收公告和补偿安置公告的内容、形式作了详细的规定，但在实践中征地机关还是以各种理由不按照相关的规定来进行公告，不愿将法定公告内容告知集体土地所有权人、使用权人。此种现象多少可以说明，在征收土地过程中可能存在着损害集体土地所有权人、使用权人利益的情况。这也是当前被征收人不断提起有关土地征收相关的信息公开行政案件的原因。

第三，补偿安置程序方面，一是"听取意见"往往流于形式。《土地管理法》及《土地管理法实施条例》规定了征地补偿安置方案确定后应当公告，并听取被征地的集体经济组织和农民的意见，这种"听取意见"显然与召开听证会不一致，并且实践中往往由村委会出具一张证明说明被征收人没有意见，来证明已经履行了"听取意见"的程序。另外，即使被征收人提出意见，政府一般也很少作出任何实质性回应，因此这种"听取意见"往往流于形式，无法达到被征收人参与补偿安置方案讨论制订的目的。二是补偿标准裁决机制空转。《土地管理法实施条例》第二十五条规定，"对补偿标准有争议的，由县级以上地方人民政府协调；协调不成的，由批准征用土地的人民政府裁决。征地补偿、安置争议不影响征用土地方案的实施"。从我省土地征收实践来看，省政府作为征收批准机关，很少甚至没有受理过该类的补偿标准裁决案件。另外，土地征用本身就是政府行为，政府作为裁决者其公正性和中立性本身就有待考量，这样虽然有利于保护国家利益和公共利益，但农民利益得不到实质性保护。

（三）《土地管理法》补偿安置标准设计不合理，没有考虑非公共利益征收因素，也没有考虑农民的社会保障和可持续发展问题

调研中我们发现，目前集体土地征收行政案件比国有土地上房屋征收行政案件反映出来的矛盾要更加尖锐，当事人的情绪更加激烈，矛盾更加难以化解，分析其实质原因也在于土地征收案件与房屋征收案件补偿安置标准的差距。伴随着《土地管理法实施条例》的实施，国有土地上房屋征收的补偿，不管是从国家的立法还是现实的执法实践过程来看，都已经相对比较合理，从以前的"互补差价"到目前的"拆一赔一"、优惠扩购等措施，都基本上能够满足大部分国有土地上房屋被征收人的需要，同时这样的补偿安置方案也能够体现当事人分享征收发展成果的思想。因此现在国有土地上房屋征收的矛盾会相对比较缓和，当然也有一些钉子户，但这些已经不是房屋征收的主要矛盾。反观集体土地征收的补偿安置标准，是极不合理的，这也是引发

大量集体土地行政征收案件最为根本的原因，主要表现在以下两个方面：

第一，公共利益征收的补偿安置制度设计与非公共利益征收的实践之间存在矛盾。如前文所述，许多非公共利益建设项目的用地需求需要通过征收来实现。这就存在着一对矛盾：一方面以公共利益为目的的土地征收制度，意味着国家无法制订高标准的土地征收补偿安置方案。另一方面，国家不承认以满足非公共利益建设需求的土地征收制度，也意味着无法真正建立起农民分享经济建设和商业建设所带来的土地增长收益成果。

第二，以土地平均年产值作为补偿基准的规定不科学，无法保证农民的长远生计，更谈不上让被征收者分享发展成果。根据《土地管理法》第四十七条规定，集体土地征收补偿金计算的基准是耕地的年产值。年产值是农作物产量与价格的函数，其高低受所处地区的农业生产条件和社会经济条件的影响，与被征地的区位等地价因素无关。土地补偿费的确定很大程度上与被征地所处的区位、区域经济发展状况及区域基础设施条件等紧密相关，而与土地年产值的关联性并不明显。按土地平均年产值的几倍这样的法定标准计算出来的补偿安置方案根本不能解决失地农民的长远生计。政府向农民征收土地时按农业收益支付土地补偿安置费，向社会拍卖时却按土地市场价格成交，增值达数十倍，甚至百倍，形成价格的巨大差距，农村集体土地所有者并没有分享土地出让后的增值。农村集体所有土地被征收的过程，应当是农民分享城市化和工业化成果的过程，应当有利于缩小城乡差距而不是扩大城乡差距。

四、集体土地征收工作的对策和建议

针对全市集体土地征收行政案件存在的法律问题及成因，现就完善集体土地征收制度及做好征收工作提出如下建议：

（一）区分公益性和经营性建设用地，严格公共利益征收，杜绝未批先征、超范围征收的现象

党的十七届三中全会提出要严格界定公益性和经营性建设用地，逐步缩小征地范围；党的十八大报告明确要改革征地制度，提高农民在土地增值收益中的分配比例。因此建议政府在征地报批时，严格区分公益性和经营性建设用地，严格控制征收土地行为，特别要杜绝未批先征、超范围征收的现象。在制定补偿标准时，也可以考虑不同的补偿标准，即国家为了公共利益的需要，可以征收集体所有的土地，但必须给予公平补偿；明显不属于公共利益的需要，而又要征收集体土地作为建设用地的，除了公平补偿外，还应让农民分享土地增值收益。需要注意的是，即使是为了公共利益的需要，也不意味着就要征收，还必须贯彻比例原则，如果能够通过市场途径解决的，尽量不征地或少征地。

（二）规范征地补偿程序，保证被征收人参与，拓宽和加强征地行政行为的公开范围和透明度

土地征收应当是征地一方与被征地一方共同参与的过程,在双方地位不平等的情况下,立法对国家征地应当有一套程序来限制国家的权力和保障被征地农村集体和农民个人的利益免受非法征地的侵害,要保障农民的知情权、参与权、上诉权,使农民能够积极参与进来。

第一,要落实国土资源部 2010 年 6 月 26 日《关于进一步做好征地管理工作的通知》的通知精神,认真做好征地报批前告知、确认、听证工作。市、县国土资源部门要严格按照有关规定,征地报批前认真履行程序,主动召开听证会,充分听取农民意见。征地告知要切实落实到村组和农户,结合村务信息公开,采取广播、在村务公开栏和其他明显位置公告等方式,多形式、多途径告知征收土地方案。被征地农民有异议的,应听取被征地农民意见。对于群众提出的合理要求,必须妥善予以解决。

第二,要按照国土资源部《征收土地公告办法》的规定,切实做好"两公告一登记"工作。一方面保证征收土地公告、征地补偿安置方案公告内容完整、详细、具体,符合相关法律规范,特别是涉及被征收人权益的内容,如被征收土地的地类和面积、征地补偿标准和农业人员安置途径等均要公告,切实保障被征收人的知情权。另一方面,在补偿安置方面也应该尽量做到公开公正,如公开适用补偿标准细则、公开被征收人的调查结果和补偿金额。上述诸种措施的根本目的在于,确保行政行为相对方畅通无阻行使知情权、陈述权和申诉权等权利,彻底打消相对方的顾虑、猜疑和不满。

(三)扩大补偿范围,探索新的补偿方式,落实社会保障制度,切实保证农民的长远生计和分享发展成果

第一,补偿范围方面,除了现有的"土地补偿费、安置补助费、地上附着物和青苗的补偿费等费用"补偿外,还应考虑农民的社会保障问题。对于广大农村地区来说,"土地补偿费、安置补助费、地上附着物和青苗的补偿费"三项费用即使是按全额标准支付的话也不会太高,更何况农民最终得到的补偿额只是全额中的一小部分。因此征地补偿除了包括现有的"实在利益"补偿,还应考虑农民"发展利益"的补偿,主要是指"被征地农民的社会保障费用"的补偿,应按照当地所在县、市平均社会保障水平计算。

之所以强调对农民"发展利益"的补偿,是因为土地承载着农户的基本生存保障功能,农民失地就意味着失去他们的生存来源。因此在对农民征地后,必须建立起相应的社会保障制度,来保证农民长久的生活来源。一方面可以考虑通过法律强制规定补偿费中的一部分必须用来为失地农户购买养老、失业以及医疗等社会保险;另一方面本着"谁用地、谁承担"的原则,鼓励各地结合征地补偿安置积极拓展社保资金渠道,由政府、用地单位负担这部分为农民建立社会保障体系所需的支出,妥善解决被征地农民的社会保障问题。

第二,补偿方式方面,采取以货币补偿为主的同时,可以探索新的补偿方式。要落实国土资源部《关于完善征地补偿安置制度的指导意见》的规定,

着重探索以下安置方式,保证农民的长远发展:一是优先农业安置,在一些通过土地整治增加了耕地以及农村集体经济组织预留机动地较多的农村地区,征地时应优先采取农业安置方式,将新增耕地或机动地安排给被征地农民,使其拥有一定面积的耕作土地,维持基本的生产条件和收入来源。二是留地安置,在征地时按照一定面积比例留土地给集体使用,由村集体用这部分土地发展二、三产业安置被征地农民,可以更好地解决农民的后顾之忧,有利于维护农村稳定。允许农民以土地使用权入股、租赁等方式参与经营性项目的合作开发或自行开发经营,让被征地农民能长期分享土地的增值收益。三是创业就业安置,政府在工商、税务等方面,可以出台相应的优惠政策,鼓励失地农民兴办城乡第三产业和自主创业,多形式开展就业和教育培训,提高失地农民的劳动技能和再就业能力。

(四) 其他

第一,加强业务培训,提高受托征收人员的素质,规范受托机关的土地征收行为。根据我国《行政诉讼法》和《行政处罚法》的相关规定,受托机关无权以自己的名义直接对外实施具体行政行为,特别是当向村民发布公告、通知等形式的行政公文,或者实施某种强制性行政措施时,受托机关只能以委托机关名义。因此建议对受托机关和人员采取事前专门培训,帮助他们正确理解和执行法律、法规和政策,规范土地征收行为,避免因主体不适格或程序违法而导致具体行政行为无效。

第二,加大对征收过程中出现的违法行为的监管力度。建议将该部分内容作为政府绩效考核的指标,着重问责超范围征收、未批先征、侵占挪用征地补偿费等严重违法征地行为。对于征收后造成土地闲置的,应根据土地闲置期间对农业造成的损失对征收单位予以相应处罚,杜绝土地资源闲置现象。

五、结语

随着经济的快速发展和城市化进程加快的需要,大量农村土地被征收将不可避免,而在土地征收过程中又有诸多问题亟待解决。那么,只有进一步改革和完善农村土地征用制度,区分公益性和经营性建设征地,规范征收程序,提高补偿金,并使安置方式多元化,才能更好地维护农村集体组织和农民的合法权益。

(作者单位:福建省泉州市中级人民法院)

【双选专题】*

食品标签内容合法性的认定
—— 盐城市奥康食品有限公司东台分公司诉江苏省
盐城市东台工商行政管理局工商行政处罚决定案①

刘德生　丁　惠

【裁判要旨】

食品标签是食品包装上的文字、图形、符号及一切说明物。如果在食品标签上特别强调添加、含有一种或多种有价值、有特性的配料、成分，应标示所强调配料、成分的添加量或含量，未标示的，属于违反《食品安全法》的行为，生产经营者依法应承担行政违法责任。

【索引词】

行政处罚　食品安全法律适用　食品标签内容

【案情】

原告（上诉人）：盐城市奥康食品有限公司东台分公司（以下简称奥康公司）。

被告（被上诉人）：江苏省盐城市东台工商行政管理局（以下简称东台工商局）。

自2011年9月1日起，原告奥康公司以每瓶107.8175元的单价购进净含量5升的金龙鱼牌橄榄原香食用调和油（以下简称调和油）290瓶，尔后以每瓶120元的价格销售给千家惠超市。至2012年2月29日，上述290瓶调和油均已售完，原告获得销售收入34800元，净利润2836.9元。2012年2月21

＊ 编者按：最高人民法院自2013年开始开展全国行政审判优秀业务成果评选活动，简称"双选"活动。为了宣传典型，发挥优秀业务成果的示范指导作用，从本集开始陆续刊登获奖的案例、裁判文书和调研报告。

① 一审：江苏省东台市人民法院（2012）东行初字第68号；二审：江苏省盐城市中级人民法院（2013）盐行终字第32号。

日，被告东台工商局行政执法人员在千家惠超市检查时，发现原告供应给千家惠超市用于经营的上述调和油未标示橄榄油的添加量。2012 年 2 月 27 日，被告东台工商局予以立案调查，并于 2012 年 5 月 9 日向原告奥康公司送达了东工商经听告字［2012］91503 号行政处罚听证告知书。原告在法定期限内未提出陈述和申辩，也未要求举行听证。2012 年 5 月 15 日被告向原告送达了东工商案字［2012］第 298 号行政处罚决定书，以原告经营标签不符合《食品安全法》规定的食品，其行为违反《食品安全法》第四十二条第一款第（九）项的规定为由，根据《行政处罚法》第二十三条、第二十七条、《食品安全法》第四条第三款、第八十六条第（二）项的规定，作出责令改正、没收违法所得 2836.9 元和罚款 57163.1 元，合计罚没款 60000 元的行政处罚。原告不服，向盐城工商局申请行政复议。盐城工商局于 2012 年 8 月 16 日作出苏盐工商复字［2012］第 2 号行政复议决定书，维持了被告东台工商局作出的《行政处罚决定书》。原告仍不服，遂向法院提起行政诉讼。

另查明，原告经营销售的调和油名称为"橄榄原香食用调和油"，其标签上有放大的"橄榄"二字，配有橄榄图形，标签侧面标示"配料：菜籽油、大豆油、橄榄油、玉米油、葵花籽油、亚麻籽油、花生油、红花籽油。食品添加剂：抗氧化剂（TBHQ）"等内容。吊牌上有文字描述："金龙鱼橄榄原香食用调和油，添加了来自意大利的 100% 特级初榨橄榄油，洋溢着淡淡的橄榄果清香。除富含多种维生素、单不饱和脂肪酸等健康物质外，其橄榄原生精华含有多本酚等天然抗氧化成分，满足自然健康的高品质生活追求。"

原告奥康公司诉称：原告经营的调和油标签上的"橄榄原香"是对产品物理属性的客观描述，并非对某种配料的特别强调，不需要标明含量或者添加量，且橄榄油是和其他配料如菜籽油、大豆油相同的普通食用油配料，并无特殊功效或价值，不是"有价值、有特性的配料"；处理有关产品是否符合标准的争议，以检验机构的检验数据为准，被告东台工商局在没有任何正式检测报告的情况下即对原告作出行政处罚决定，程序错误；被告处罚原告的法律依据是《食品安全法》关于违反食品安全标准的责任，GB7718-2004《预包装食品标签通则》（以下简称 GB7718-2004《通则》）是国家强制标准，不是食品安全国家标准，被告在处罚决定书中引用《食品安全法》处罚原告系适用法律错误。原告请求法院依法撤销被告东台工商局对其作出的《行政处罚决定书》。

被告东台工商局辩称：原告经营销售的调和油以文字、图形等多种方式特别强调添加了橄榄油，但未标示橄榄油的添加量；原告销售的调和油的标签标注情况并非技术判断问题，故无须通过技术检验予以认定，亦无须以有资质的检验机构的检验数据为准，可通过人的视觉予以判断；GB7718-2004《通则》作为食品强制性标准，在《食品安全法》生效后，即视为食品安全标准，直至被最新版本 GB7718-2011《预包装食品标签通则》（以下简称 GB7718-2011《通则》）代替；对原告作出的行政处罚合法适当，在被告对此案的调查过程中，原告主动配合并停止经营调和油，考虑到原告是初次经营标签标示不全的食用调和油,被告对原告予以减轻处罚。被告请求法院维持被告对原告作出的行政处罚。

【裁判】

江苏省东台市人民法院(以下称东台法院)一审认为,原告经营销售的调和油属于预包装食品,其标签属于预包装食品标签。GB7718－2004《通则》规定:"预包装食品标签的所有内容,不得以虚假、使消费者误解或欺骗性的文字、图形等方式介绍食品;也不得利用字号大小或色差误导消费者。""如果在食品标签或食品说明书上特别强调添加了某种或数种有价值、有特性的配料,应标示所强调配料的添加量。"本案中,从原告经营销售的调和油的外包装来看,其标签上以图形、字体、文字说明等方式突出了"橄榄"二字,强调了该食用调和油添加了橄榄油的配料,且在吊牌(食品标签的组成部分)上有"添加了来自意大利的100%特级初榨橄榄油"等文字叙述,易造成消费者在购买此种食用调和油时的误解。同时,橄榄油的市场价格或营养作用均高于一般的大豆油、菜籽油等,如在食用调和油中添加了橄榄油,可以认定橄榄油是"有价值、有特性的配料。"故原告销售的调和油属于特别强调添加某种有价值、有特性配料(橄榄油)的情形,应当标示橄榄油的添加量。

《食品安全法》第六十条第三款规定,县级以上工商行政管理等部门在执法工作中需要对食品进行检验的,应当委托符合规定的食品检验机构进行。据此,被告在具体执法过程中可以根据需要对食品进行检验,而并非在所有情况下都要对食品进行检验,被告的处罚程序合法。

《食品安全法》第二十条第(四)项规定,食品安全标准应当包括对与食品安全、营养有关的标签、标识、说明书的要求。第二十二条规定,本法规定的食品安全国家标准公布前,食品生产经营者应当按照现行食用农产品质量安全标准、食品卫生标准、食品质量标准和有关食品的行业标准生产经营食品。全国人大法工委2010年3月19日在《对国家质检总局关于商请明确食品安全标准有关法律适用问题的函的意见》中指出,在食品安全国家标准未公布以前,对生产经营不符合现行食用农产品质量安全标准、食品卫生标准、食品质量标准和有关食品行业标准的食品违法行为进行查处,适用《食品安全法》的有关规定。GB7718－2004《通则》于2005年10月1日实施,《食品安全法》于2009年6月1日实施,新版的GB7718－2011《通则》于2012年4月20日实施。本案原告违法行为发生在2011年9月至2012年2月,GB7718－2004《通则》属于当时的食品安全国家标准之一。因此,被告适用GB7718－2004《通则》对原告作出行政处罚,并无不当。

东台法院依照《食品安全法》第四十二条第一款第(九)项、第八十六条第(二)项和《行政诉讼法》第五十四条第(一)项之规定,判决:维持被告东台工商局作出的东工商案字[2012]第298号行政处罚决定书。

原告奥康公司不服一审判决,向江苏省盐城市中级人民法院(以下称盐城中院)提起上诉。

上诉人奥康公司称：被上诉人东台工商局作出的行政处罚适用法律错误。GB7718-2004《通则》不是《食品安全法》规定的国务院卫生行政部门制定的食品安全国家标准，故依法不应适用于本案；原审法院对"有价值、有特性"的配料认定错误。请求二审法院撤销原审判决，依法改判。

被上诉人东台工商局辩称：上诉人奥康公司销售标签不符合《食品安全法》规定的食品，事实客观存在；被上诉人适用《食品安全法》及GB7718-2004《通则》对上诉人进行处罚适用法律正确，处罚程序合法，幅度适当。请求二审法院驳回上诉，维持原判。

盐城中院经审理后认为，如何认定"特别强调添加了某种或数种有价值、有特性的配料"，应从表达语境、相对比较、公众理解的角度综合分析判断。本案中，从上诉人奥康公司销售的调和油外包装来看，其标签上以图形、字体、文字说明等方式突出了"橄榄"二字，显而易见地向消费者强调该产品添加了橄榄油的配料，该做法本身实际上就是强调了"橄榄"在该产品中的价值和特性；被上诉人东台工商局处罚上诉人奥康公司的主要违法事实是针对食品标签标示违法行为，而非产品本身质量是否符合相关标准，故上诉人奥康公司提出被上诉人在没有任何检测报告的情况下即作出行政处罚程序违法的理由于法相悖；《食品安全法》第二十条第（四）项规定，食品安全标准应当包括对与食品安全、营养有关的标签、标识、说明书的要求。因此，与食品安全、营养有关的标签内容和具体要求是食品安全标准之一。GB7718-2004《通则》和GB7718-2011《通则》是国家有关部门先后发布实施的食品安全国家标准，两者是前后替代关系，也是食品标签系列国家标准之一。GB7718-2011《通则》是由国务院卫生行政部门制定，且明确是食品安全国家标准，对2012年4月20日后发生的涉及与食品安全、营养有关的标签应适用GB7718-2011《通则》是毫无疑义的。但本案上诉人奥康公司的违法行为发生于2011年9月至2012年2月，被上诉人东台工商局适用违法行为发生时合法有效的法律规范（标准），即GB7718-2004《通则》并无不当。

盐城中院依照《行政诉讼法》第六十一条第（一）项之规定，判决驳回上诉，维持原判。

【评析】

食品标签显示食品的组成成分、食品的特征和性能，它是消费者获知信息的主要途径之一，其所标示的内容也是消费者判断是否购买该食品的重要参考依据。因此，标签内容的真实、准确与否，直接关系消费者的权益和身体健康。人民法院如何正确判定食品标签内容的合法性，这是司法实践中应当解决的问题。笔者认为，本案一、二审法院的判决依法维护了消费者的合法权益，因而是正确的。

本案的争议焦点主要是：原告销售的调和油标签上是否特别强调了有价值、有特性的配料，该标签应否标示橄榄油的添加量；被告在作出处罚决定前是否需要对涉案标签进行技术检验；处罚决定适用法律是否正确。

一、在食品标签上特别强调添加有价值、有特性配料中"特别强调"及"有价值、有特性"之理解

2005年10月1日开始实施的GB7718-2004《通则》规定，预包装食品是经预先定量包装，或装入（灌入）容器中，向消费者直接提供的食品。食品标签是食品包装上的文字、图形、符号及一切说明物。因此，原告经营销售的调和油作为灌入容器中的投入超市供消费者选购的食品，属于预包装食品，其标签属于预包装食品标签。

食品标签主要显示食品的组成成分、食品的特征和性能，它是食品生产企业向社会明示产品信息、向消费者传递产品信息的载体，也是消费者获知产品信息的有效途径。可以说，食品标签是企业对消费者和社会的承诺。因此，标签内容的真实、准确与否直接关系消费者的权益和身体健康。通常情况下，食品标签往往通过汉字词语、图形等方式向消费者表明内容，当一段语句中以图形、字体、文字说明等方式重点突出强调某一词语时，多数社会公众进入脑海印象深刻的往往是这一段语句中最突出的词语。

GB7718-2004《通则》规定："预包装食品标签的所有内容，不得以虚假、使消费者误解或欺骗性的文字、图形等方式介绍食品；也不得利用字号大小或色差误导消费者。""如果在食品标签或食品说明书上特别强调添加了某种或数种有价值、有特性的配料，应标示所强调配料的添加量。"这里所指的"特别强调"，是着重或特别着重提出，一般意义上，通过名称、色差、字体不同、字号大小、图形、排列顺序、文字说明、同一内容反复出现或多个内容都指向同一主体等均可理解为对某事物的强调。"有价值、有特性的配料"是指对人体有较高的营养价值，配料本身是不同于一般配料的特殊配料。通常理解，此种配料的市场价格或营养成分应高于其他配料。本案中，原告奥康公司认为"橄榄原香"是对产品物理属性的客观描述，并非对某种配料的特别强调，但从原告经营销售的调和油外包装来看，其标签上以图形、字体、文字说明等方式突出了"橄榄"二字，强调了该食用调和油添加了橄榄油的配料，且在吊牌（食品标签的组成部分）上有"添加了来自意大利的100%特级初榨橄榄油"等文字叙述，其传递的信息易让消费者产生宣扬橄榄油价值取向的误解，也会造成消费者在购买此种食用调和油时的认知错误。同时，"有价值、有特性"是建立在一般认知基础上的常识性判断，在满足"特别强调"的前提下，只要具备"有价值"或"有特性"其中一点就应当进行定量标示。一般来说，"橄榄"是一个具有特定意义的词语，与"菜籽""大豆"等词语所表达的内涵均存在明显差异，可供食用的"橄榄油"也是用初熟或成熟的油橄榄鲜果通过物理冷压榨工艺提取的天然果油汁，其市场价格或营养价值均高于一般的大豆油、菜籽油等，原因就在于其极佳的天然保健功效、美容功效和理想的烹调用途。因此，如在食用调和油中添加了橄榄油，可以认定橄榄油是"有价值、有特性的配料"，与"菜籽油""大豆

油"之间不能混淆,更不能相互替代。

综上,本案原告经营销售的调和油"特别强调"添加了橄榄油这一"有价值、有特性"的配料,应当标示橄榄油的添加量,而原告未标示,违反了前引 GB7718-2004《通则》的相关规定。被告东台工商局对原告的违法行为作出行政处罚,事实清楚,定性准确。

二、行政处罚决定适用规范性依据是否正确之审查判断

被诉具体行政行为适用的规范性依据是否合法正确,这是人民法院在审理第一审和第二审行政案件时均需注意的问题。在第一审中,人民法院应通过开庭和合议的方式,审查判断被诉具体行政行为所适用的法条。在第二审中,应通过开庭或书面审理的方式,判断一审判决认定被诉具体行政行为适用法条的事实是否正确。本案被告在一审开庭时举出了被诉行政处罚决定所适用的法条的证据,二审在开庭审理时,对双方当事人特别是被告在一审程序中提供的证据进行质证,合议庭认证,并在此基础上得出一审判决认定被诉行政处罚所适用法条的事实是正确的结论。因此,本案被告作出的行政处罚适用的规范依据是正确的。

《食品安全法》第二十条第(四)项规定,食品安全标准应当包括对与食品安全、营养有关的标签、标识、说明书的要求。第二十二条规定,本法规定的食品安全国家标准公布前,食品生产经营者应当按照现行食用农产品质量安全标准、食品卫生标准、食品质量标准和有关食品的行业标准生产经营食品。全国人大法工委 2010 年 3 月 19 日在《对国家质检总局关于商请明确食品安全标准有关法律适用问题的函的意见》中指出,在食品安全国家标准未公布以前,应执行现行的食用农产品质量安全标准、食品卫生标准、食品质量标准和有关食品的行业标准。对生产经营不符合这些标准的食品等违法行为进行查处,适用《食品安全法》的有关规定;《食品安全法》未作规定的,适用其他有关的法律规定。

GB7718-2004《通则》由国家质量监督检验检疫总局和国家标准化管理委员会发布,由于该国家标准于 2004 年 5 月 9 日发布,而《食品安全法》于 2009 年 2 月 28 日发布,因此,在食品安全国家标准 GB7718-2011《通则》实施前,GB7718-2004《通则》应当属于食品安全国家标准。

通常情况下,对违法行为作出行政处罚时应当适用违法行为发生时合法有效的法律规范(标准)。《立法法》第八十四条规定:"法律、行政法规、地方性法规、自治条例和单行条例、规章不溯及既往,但为了更好地保护公民、法人和其他组织的权利和利益而作的特别规定除外。"可见,在新旧法律相冲突或者旧法未对相关问题作出规定时,如果适用新的法律规定(标准),必须满足两个条件:一是新法律规定(标准)对公民、法人和其他组织的权利和利益进行了更好地保护,二是必须存在有关新法律适用的特别规定。虽然 GB7718-2011《通则》在内容上较 GB7718-2004《通则》完善,但 GB7718-2004《通则》作为食品安全国家标准,该标准于 2005 年 10 月 1 日

已经实施。本案被告查处原告经营销售未标示橄榄油添加量的调和油的违法行为发生时间是在2011年9月至2012年2月,此时,于2012年4月20日开始实施的GB7718-2011《通则》尚未实施。所以,无论是根据"法不溯及既往"原则,还是根据适用违法行为发生时合法有效的法律规范(标准)的原则,都应当适用GB7718-2004《通则》。因此,被告适用GB7718-2004《通则》对原告作出行政处罚并无不当。

三、食品标签未标示配料的添加量未经检验是否合法之认定

根据《食品安全法》第六十条第三款的规定,县级以上工商行政管理等部门在执法工作中需要对食品进行检验的,应当委托符合规定的食品检验机构进行。本案原告、被告双方的主要争议焦点之一是被告东台工商局对涉案的调和油标签上强调添加橄榄油配料但未标示橄榄油的添加量是否应当委托相关检验机构进行检验。

笔者认为,对食品是否符合安全标准委托食品检验机构进行检验不是必经程序,应当根据具体情况加以判断。本案被告处罚原告奥康公司的主要违法事实是针对食品标签标示的违法行为,而非产品本身质量是否符合相关标准。原告销售的金龙鱼牌橄榄原香食用调和油标签上强调添加橄榄油配料而未标示添加量,可通过正常的视觉和认知加以判断,因而无须委托检验机构进行检验。被告未委托检验,并不违法。

(作者单位:江苏省东台市人民法院)

行政赔偿调解范围不限于行政赔偿请求项目
——李玉琦诉安宁市人民政府太平新城街道办事处行政赔偿案[①]

赵柏林

【裁判要旨】

行政赔偿诉讼中，赔偿申请人的申请事项主要涉及赔偿的范围、方式、数额，因而，调解协议一般主要涉及以上内容。但是，调解的价值核心在于当事人合意解决纠纷，法院应当充分尊重当事人对其权利的自由处分，允许其在赔偿申请事项的基础上扩大调解范围，对于超出申请事项达成的调解协议内容，法院仅做合法性审查，只要不违反合法性原则，法院应当对超出申请事项范围达成的调解协议予以确认。

【索引词】

行政赔偿诉讼　调解范围　行政赔偿请求项目

【案情】

原告：李玉琦（曾用名李玉琪）。

被告：安宁市人民政府太平新城街道办事处。

李玉琦分别于1997年2月24日、1997年12月16日与原安宁市太平白族乡始甸办事处妥乐村村民委员会签订荒山使用权出让合同取得的娃气丛两块集体荒山（协议及有偿出让集体荒山使用权证记载面积分别为40亩、15亩），使用年限均至2067年12月16日止。2011年6月21日安宁市人民政府太平新城街道办事处作出太新办行罚字〔2011〕第2号行政处罚决定书，认定：当事人李玉琪未经规划行政主管部门审批，擅自于2007年4月在始甸村委会妥乐村小组建设砖瓦结构房屋，层数1层至2层，建筑面积为857.83平方米，违反了《城乡规划法》第四十条之规定，属违法建筑。根据《城乡规划法》第六十六条之规定，决定给予当事人李玉琪以下行政处罚：责令当事人李玉琪于2011年6月24日前自行拆除位于始甸村委会妥乐村小组的全部违法建筑。2011年7月14日，安宁市人民政府太平新城街道办事处组织人员对

[①] 一审：云南省安宁市人民法院（2012）安行初字第4号行政赔偿调解书。

原告李玉琦位于始甸村委会妥乐村小组娃气丛集体荒山上的房屋进行了强制拆除。经原告申请复议，安宁市人民政府于 2011 年 11 月 28 日作出云安政行复决字〔2011〕第 1 号行政复议决定书，决定：撤销安宁市人民政府太平新城街道办事处作出的太新办行罚字〔2011〕第 2 号行政处罚决定书。原告李玉琦于 2012 年 1 月 19 日向赔偿义务机关安宁市人民政府太平新城街道办事处提出行政赔偿申请书后，于 2012 年 6 月 18 日向本院提起行政赔偿诉讼，请求人民法院依法判令：一、被告即赔偿义务人依法赔偿因其错误行政处罚（强拆）行为导致原告财产损失及其他损失人民币 3670120 元。二、本案诉讼费用由被告承担。

审理中，双方当事人一致要求安宁市人民法院对行政赔偿及终止与原安宁市太平白族乡始甸办事处妥乐村村民委员会签订的两份《荒山使用权出让合同》有关补偿事宜，组织双方进行调解。

【审判】

云南省安宁市人民法院经一审审理认为：本案被告于 2011 年 6 月 21 日所作太新办行罚字〔2011〕第 2 号行政处罚决定书已被复议机关依法定程序撤销，被告依据违法的行政处罚决定书所实施的行政强制拆除行为必然违法，依法应承担行政赔偿责任。由于行政机关的侵权行为，行政赔偿程序启动前，人民群众与行政机关之间正常的社会关系已经处于不和谐状态，而诉讼程序中的激烈对抗必然会进一步破坏本已不和谐的"官民"关系。调解机制的介入，符合"以和为贵"的中国传统文化价值取向，使当事人能够在平等、协商的过程中消减"对抗"的意识和强度，在平和的氛围中双方当事人通过协商解决赔偿纠纷，避免了审判程序中双方当事人剑拔弩张的激烈对抗，通过互谅互让达成解决纠纷的合意，使双方当事人能够和谐解决行政赔偿纠纷，有利于调和人民群众与行政机关、人民群众与司法机关的社会关系。云南省安宁市人民法院依照《最高人民法院关于审理行政赔偿案件若干问题的规定》第三十条之规定，组织双方当事人于 2012 年 12 月 6 日进行了调解，双方当事人自愿协商就行政赔偿及终止与原告安宁市太平白族乡始甸办事处妥乐村村民委员会签订的两份《荒山使用权出让合同》有关补偿事宜，达成如下协议：

一、由安宁市人民政府太平新城街道办事处于 2012 年 12 月 12 日一次性支付因行政处罚及强制拆除行为给李玉琦造成的房屋损失、林木损失、生活及办公用品家具损失、其他附属设施损失及终止与原安宁市太平白族乡始甸办事处妥乐村村民委员会签订的两份《荒山使用权出让合同》，对李玉琦享有荒山使用权的娃气丛两块集体荒山（四至按李玉琦于 1997 年 12 月 16 日、1997 年 2 月 24 日与原安宁市太平白族乡始甸办事处妥乐村村民委员会签订的《荒山使用权出让合同》载明为准）收回荒山使用权补偿款、房屋、地上构筑物、其他设施、林木等所有各项补偿费用合计人民币 324 万元。

二、李玉琦于 2013 年 2 月 1 日前将其与原安宁市太平白族乡始甸办事处妥乐村村民委员会签订《荒山使用权出让合同》取得承包经营权的娃气丛两宗集体荒山（四至按李玉琦于1997年12月16日、1997年2月24日与原安宁市太平白族乡始甸办事处妥乐村村民委员会签订的《荒山使用权出让合同》载明为准）地上附属物、林木清理后，将该两宗荒山及该两宗荒山上所有权证原件交安宁市人民政府太平新城街道办事处，该两份《荒山使用权出让合同》终止履行，其对该两块集体荒山不再享有任何权利。逾期不交给安宁市人民政府太平新城街道办事处的，安宁市人民政府太平新城街道办事处有权对该地块上的所有物件进行处理。

三、李玉琦在本案中不再主张其他赔偿请求。

【评析】

一、背景情况介绍

本案中原告对被诉行政机关行政处罚及强制拆除其房屋提出了总计367万余元的赔偿请求，该案的特殊性在于不仅赔偿标的数额巨大，而且案外尚有符合起诉条件的居民数十户，都在等待观望判决结果。该案处理稍有不慎，都可能引发更大规模的集团诉讼，影响社会稳定和城市规划建设进程，而在案件审理中，被诉行政机关提出了赔偿请求与征收补偿被拆除房屋所在的两宗集体荒山一并调解的要求，经征求该两宗集体荒山承包权利人也就是原告李玉琦意见，其表示同意一并在本案中进行调解。由于当事人请求调解的范围除了赔偿请求还包括了被强制拆除房屋所坐落的集体荒山征收补偿问题，人民法院在审理行政赔偿案件中能否对赔偿请求范围之外的行政争议一并调解处理，现行《行政诉讼法》及相关司法解释都没有明确规定，仅在《最高人民法院关于审理行政赔偿案件若干问题的规定》第三十条中规定："人民法院审理行政赔偿案件在坚持合法、自愿的前提下，可以就赔偿范围、赔偿方式和赔偿数额进行调解。调解成立的，应当制作行政赔偿调解书。"由于对该条规定中"赔偿范围"的内涵和外延理解并不统一，导致实践中对当事人要求在赔偿请求范围外的事项一并进行调解，经法院主持后又达成了调解协议的情况。如何把握、处理，是否能将超出赔偿请求项目的协议明确在行政赔偿调解书中，存在较大争议。

二、确立裁判要旨的理由

本案争议的焦点是行政赔偿案件中，能否应当事人请求对赔偿请求范围之外的内容进行调解，经调解达成协议的，赔偿请求范围之外的内容能否在调解书主文中载明、确认。

笔者认为行政赔偿诉讼中，赔偿申请人的申请事项主要涉及赔偿的范围、方式、数额，因而，调解协议一般主要涉及以上内容。但是，调解的价值核心在于当事人合意解决纠纷，我们应当充分尊重当事人对其权利的自由处分，允许其在赔偿申请事项的基础上扩大调解范围，对于超出申请事项达成的调解协议内容，法院仅做合法性审查，只要不违反合法性原则，法院应当对超出申请事项范围达成的调解协议予以确认。基于本案当事人一致要求对赔偿请求之外的集体荒山征收补偿问题一并调解处理，并且原告李玉琦是法律规定的集体荒山承包经营权利人，被告亦是适格的集体土地征收主体，因此，我们对《最高人民法院关于审理行政赔偿案件若干问题的规定》第三十条中的"赔偿范围"作出了扩张性理解，创设性地对行政赔偿调解内容进行了突破，积极引导双方当事人对上述两部分内容进行协商，经过曲折、艰辛的协调、谈判，双方最终达成了324万元的行政赔偿和荒山征收补偿打包调解协议，形成的行政赔偿调解书中不仅有行政赔偿内容，还包括了赔偿请求之外的集体荒山征收补偿协议。该案促成了双方在理性客观的基础上达成赔偿调解协议，没有一个案外人跟风起诉，不仅消除了当地一大不稳定因素，而且为弱者撑起了一片蓝色的天空，促进了行政目标实现的效率，也使行政审判的权威得到了很好地树立，更为积极的实践指导意义在于为行政协调和赔偿调解拓宽了视野、开辟了思路。

（作者单位：云南省昆明市安宁市人民法院）

行政机关能否"通知"终止农村土地承包合同

——三亚博后经济开发有限公司诉三亚市吉阳镇人民政府、三亚市亚龙湾国家旅游度假区管理委员会行政决定纠纷案[①]

孙惠文

【裁判要旨】

根据《农村土地承包法》第四十八条规定,乡(镇)人民政府对不宜采取家庭承包方式的荒山、荒沟、荒丘、荒滩等农村土地的承包合同有批准权,但法律法规并未授予其变更、解除农村土地承包合同的权力。

【索引词】

行政决定　行政职权　农村土地承包合同解除

【案情】

原告(被上诉人):三亚博后经济开发有限公司。

被告(上诉人):三亚市吉阳镇人民政府、三亚市亚龙湾国家旅游度假区管理委员会。

海南省三亚市城郊人民法院一审认定:1999年6月2日,三亚市田独镇(现吉阳镇)博后村委会独资设立三亚博后经济开发有限公司。同年6月14日,三亚市人民政府向三亚市田独镇人民政府、博后村委会发出三府[1999]171号文即《关于三亚亚龙湾风景高尔夫文化公园项目用地有关问题的通知》(以下简称《通知》),开始启动三亚亚龙湾风景高尔夫文化公园项目。该项目拟由博后村委成立三亚博后经济开发有限公司并以土地(该村旁大安岭山脚下100公顷即1500亩,先期批准64.77公顷,评估总地租739.8万元人民币)参与投资,香港东迅(国际)发展公司则以货币(6000万元)参与投资,进行合作开发。同年,原告三亚博后经济开发有限公司与三亚市田独镇博后村委会签订了《土地承包协议书》,由博后村委会将其位于三亚市亚龙湾入口道西侧的1500亩(以实际丈量为准)山坡地承包给原告开发。随后,原

[①] 一审:海南省三亚市城郊人民法院(2013)城行初字第171号;二审:海南省三亚市中级人民法院(2013)三亚终字第38号。

告又因相关土地（涉及上述亚龙湾入口道西侧经测量确认的山坡地1748亩、风景高尔夫主干道门楼东北侧村民自留地41.5亩、"造林基地"1000亩、村庄用地230亩等）承包及开发事宜，于2000年1月10日与博后村委会签订《土地承包协议书》（田独镇人民政府盖章同意），于2002年7月29日与博后村委会签订《土地承包合同书》，于2002年9月8日与博后村委会签订《土地承包协议书补充协议》，于2006年4月6日分别与博后新坡第一合作经济社、博后新坡第二合作经济社、博后新坡第三合作经济社、博后糖丰合作经济社、博后红旗村小组各签订一份《土地承包协议书补充协议》，于2007年5月31日与博后糖丰村民小组签订《土地承包协议书》（三亚亚龙湾风景高尔夫文化公园有限公司盖章签名、田独镇人民政府盖章同意）。2003年7月11日，三亚市国土资源局向原告颁发了三土房（2003）字第1309号土地房屋权证，同意将博后村委会的441667.04平方米土地划拨给原告使用。2013年8月22日，被告三亚市吉阳镇人民政府、三亚市亚龙湾国家旅游度假区管理委员会向三亚市吉阳镇博后村全体村民发出《通知》，决定：终止与三亚博后经济开发有限公司的土地承包协议，由博后村委会及各村小组与土地使用人三亚亚龙湾风景高尔夫文化公园有限公司直接签订土地承包合同；收回三亚博后经济开发有限公司名下的集体土地，归还集体土地所有权人博后村委会及各有关村小组名下；二被告不承认除风景高尔夫文化公园有限公司以外其他公司承包上述项目土地的任何协议、合同。最后，"希望博后村全体村民认清事实真相，提高警惕并支持和配合政府贯彻落实以上决定"。原告认为该《通知》侵犯其合法权益，遂诉至法院。

原告诉称，二被告联合发布的《通知》，超越行政职权，属于非法的具体行政行为，依法应予撤销。1. 关于终止土地承包协议的问题。原告与博后村委会所签订的合同属于民事法律行为，二被告无权干涉，且二被告以《通知》的方式终止双方之间的合同，没有任何的法律依据。2. 关于收回原告名下的集体土地问题。1999年6月3日，原告代表博后村委会与香港东讯（国际）发展有限公司签订了《三亚亚龙湾风景高尔夫文化公园有限公司合作经营合同》，博后公司以1500亩土地使用权出资，东讯公司以2800万元出资，共同设立三亚亚龙湾风景高尔夫文化公园有限公司。该土地经市政府批准登记到博后公司名下，二被告是合作外的第三人，决定收回原告的土地出资，没有任何法律依据。3. 关于二被告是否承认项目土地协议的问题。一个乡镇政府和一个专设的管理委员会不承认十多年前就获得海南省政府和三亚市政府有关部门批准的土地承包协议，纯属二被告的自我授权，没有任何法律依据。4. 二被告所言原告侵害村民利益不是事实。退一步讲，三亚博后经济开发有限公司的股东变动情况即便存在导致博后村村民集体出资比例下降的问题，那也属于民事法律的调整范围，行政机关无权干预。综上，二被告下发的《通知》直接决定终止与原告公司的土地承包协议，以及收回原公司名下集体土地的行为，没有任何法律依据。根据行政法制的基本原理，行政机关必须在法律授权的范围内行使职权，没有法律授权或超越法定职权所实施的任何行政行为均属违法行为。二被告所发《通知》侵犯了原告依法所享有的经营自主权，纯属滥用国家权力，擅自干涉市场主体自由签订合同权利的违法具体行政行为，依法应予撤销。故请求：1. 依法撤销二被告于2013年8月22日联合发布的《通知》；2. 诉讼费用由二被告承担。

二被告共同辩称：一、被告《通知》是不具有强制力的行政指导行为，不属于行政诉讼的受案范围，依法应予以驳回原告的起诉。首先，《通知》的范围是博后村全体村民，原告并非被通知人，同样因该《通知》没有送达原告，因此《通知》没有对原告发生相应的行政强制执行力的法律效力，而只是对博后全体村民的一种倡导和告知。其次，本案涉及的土地属于集体土地性质，根据《土地管理法》的规定，实施"收回"集体土地的主体应为该村集体经济组织，因此《通知》"收回"原告集体土地的主体不是被告，且事实上，被告对该集体土地无权"收回"，也没有实施收回土地的具体行政行为，由此可知，《通知》只是被告对该集体经济组织的指导性行为，并非具有强制力的行政指导行为。最后，《通知》最后以"支持和配合"的表述，也完全证明其属于行政机关引导村民自愿配合而达到行政管理目的的指导性行为。综上，本案所涉及的《通知》属于不具强制力的行政指导行为，根据《最高人民法院关于执行〈中华人民共和国行政诉讼法〉若干问题的解释》第一条第二款第（四）项的规定，不具有强制力的行政指导行为，不属于法院行政诉讼案的受理范围，依法应予以驳回。二、原告签订的土地承包合同和原告股权的变更违反法律规定，被告有权不予承认并有责任指导该村集体经济组织对此事妥善处理。首先，《中华人民共和国土地管理法》（1998年修订）第十五条第二款规定："农民集体所有的土地由本集体经济组织以外的单位或者个人承包经营的，必须经村民会议三分之二以上成员或者三分之二以上村民代表的同意，并报乡（镇）人民政府批准。"本案中，原告与村委会及村民小组签订的《土地承包协议书》《土地承包协议书补充协议》以及《土地承包合同书》均未经村民会议三分之二以上成员或者三分之二以上村民代表的同意，同时也没有报吉阳镇人民政府批准，已违反法律规定，属无效土地承包合同。其次，《中华人民共和国村民委员会组织法》（1998年修订）第十九条规定："涉及村民利益的下列事项，村民委员会必须提请村民会议讨论决定，方可办理：……（五）村集体经济项目的立项、承包方案及村公益事业的建设承包方案……"本案中，博后村委会在原告的股权中占有较大比例，然而，原告通过的股权数次变更致使博后村委会的股权变得越来越少，在整个股权变更中从未召开过村民会议讨论决定，已违反法律规定，严重侵害了博后村全体村民的合法权益。综上所述，鉴于本案在土地承包经营过程中出现的违法行为，作为被告的镇政府完全有责任对该村集体经济组织的工作给予指导、支持和帮助，该行政指导行为不属于行政诉讼案件受理范围，特恳请人民法院依据法律相关规定，依法裁定驳回原告的起诉。

【审判】

三亚市城郊人民法院经审理认为,根据《农村土地承包法》的规定,乡(镇)人民政府对不宜采取家庭承包方式的荒山、荒沟、荒丘、荒滩等农村土地的承包合同拥有批准权(三亚市亚龙湾国家旅游度假区管理委员会则无此权力)。但是,法律法规没有授予其变更、解除农村土地承包合同或者强迫、阻碍农村土地流转的职权。与此相反,法律明确禁止对已订立的合同的干预,从而体现了社会主义市场经济正常运转的内在规律,即平等、法制、竞争、开放。其中的法制性就是有序性,要求任何经济活动都要在法制原则下有序进行。《合同法》第四条规定:"当事人依法享有自愿订立合同的权利,任何单位和个人不得非法干预。"《农村土地承包法》第六十一条规定:"国家机关及其工作人员有利用职权干涉农村土地承包、变更、解除承包合同,干涉承包方依法享有的生产经营自主权,或者强迫、阻碍承包方进行土地承包经营权流转等侵害土地承包经营权的行为,给承包方造成损失的,应当承担损害赔偿等责任;情节严重的,由上级机关或者所在单位给予直接责任人员行政处分;构成犯罪的,依法追究刑事责任。"本案中,被告三亚市吉阳镇人民政府、三亚市亚龙湾国家旅游度假区管理委员会在没有任何法律法规依据的情况下,以《通知》的形式作出行政决定,终止土地承包协议、变更合同主体、收回集体土地,其行为已超越职权范围,造成了对农村土地承包经营权的侵犯,违反了《农村土地承包法》的禁止性规定。据此,判决撤销被告三亚市吉阳镇人民政府、三亚市亚龙湾国家旅游度假区管理委员会于2013年8月22日向三亚市吉阳镇博后村全体村民发出的《通知》。宣判后,被告三亚市吉阳镇人民政府、三亚市亚龙湾国家旅游度假区管理委员会不服,向三亚市中级人民法院提起上诉。在审理过程中,上诉人三亚市吉阳镇人民政府、三亚市亚龙湾国家旅游度假区管理委员会于2013年12月23日联合发出《通知》,废止了两上诉人于2013年8月22日作出的《通知》,并于2013年12月24日提出撤诉申请,三亚市中级人民法院准许其撤回上诉申请。

【评析】

一、背景情况介绍

虽然行政诉讼是对行政机关具体行政行为的审查,但是本案的关键因素还是牵涉到农村土地承包的纠纷。农村土地承包纠纷的核心问题就是农村土地承包经营权的问题。农村土地承包经营权制度的形成主要是依靠我国社会制度的力量经过不断地探索和社会改革经验积累而成,这个过程是一个由政策调整到法律法规的过程,是我国的一个特色制度。近三十年来,这个制度已经日趋成熟。《农村土地承包法》的颁布,进一步确立和巩固了中央关于土地承包经营权三十年不变的规定,让农村土地承包经营权真正得以有法可依。但是,当前我国存在的社会矛盾是人多地少,而且改革开放带来的征地拆迁纠纷也比较多。一些地方县、乡两级行政机关在解决这类矛盾时，往往强行插手，要求承包方单方面解除土地承包合同甚至直接通知终止土地承包合同的现象时有发生，对保障农村土地承包经营权构成了不同程度的威胁，也暴露出我国基层行政机关在依法行政方面的不足，不能做到不"越位"、不"缺位"、不"错位"，不能做到合法行政、程序正当、尊重和保障人权。

采用非法手段解除土地承包合同的案例频发，究其原因，有多方面的因素。首先，《农村土地承包法》的内容比较抽象，在实践操作中，无法得到有效的落实，为农村土地经营权不能得到合法有效的保护埋下了伏笔。其次，2007年颁布实施的《物权法》并没有对《农村土地承包法》进行细化和改变，没有从根本上弥补其不足之处。农村土地承包合同应当属于民法的合同。但是，《农村土地承包法》因一方当事人是行政机关，便带有较浓的行政色彩，使土地承包合同无法体现其民法的本源，依靠诚实信用等原则来维护当事人的公平，也为行政机关过多干预土地承包经营权提供了便利。法律虽然规定了土地承包经营权30年不变，同时又规定土地调整的特殊情形，但也为行政机关超越职权或者滥用职权找到了可乘之机，也为司法机关在依法审理此类案件时带来了阻力和不便。因此，在立法不完善的前提下，根据立法精神和原则，坚持依法行政，才是解决此类案件纠纷的最有效机制。

二、确立裁判要旨的理由

本案的焦点问题是：二被告的具体行政行为是否合法。被诉具体行政行为：被告三亚市吉阳镇人民政府、三亚市亚龙湾国家旅游度假区管理委员会于2013年8月22日向三亚市吉阳镇博后村全体村民发出《通知》，称1999年6月三亚市及田独镇人民政府批准博后村成立村民集体企业"三亚博后经济开发有限公司"，合作开发风景高尔夫球场项目。但在2008年至2010年期间，博后村民集体在该公司的股份严重流失，在没有召开村民会议和未经三分之二村民表决同意的情况下，博后村民集体股份从1999年6月设立时的100%大幅下降到现在的15%。因此，为保护博后村民的利益，根据市委市政府的指示精神，决定如下：一、终止与三亚博后经济开发有限公司的土地承包协议。由博后村委会及各村小组与土地使用人三亚亚龙湾风景高尔夫文化公园有限公司直接签订土地承包合同。二、鉴于三亚博后经济开发有限公司大部分股权已非集体所有，决定收回三亚博后经济开发有限公司名下的集体土地，归还集体土地所有权人博后村委会及各有关村小组名下。三、三亚市吉阳镇人民政府和三亚市亚龙湾国家旅游度假区管理委员会不承认除风景高尔夫文化公园有限公司以外其他公司承包上述项目土地的任何协议、合同。希望博后村全体村民认清事实真相，提高警惕并支持和配合政府贯彻落实以上决定。

根据行政审判的合法性审查原则，该案应从以下几个方面来审查：

1. 具体行政行为的作出是否符合行政机关的职权范围，是否存在超越职权或者滥用职权的情形。行政职权是国家行政权的表现形式，是行政机关实施行政管理的资格和权限。根据《农村土地承包法》第四十八条的规定，乡（镇）人民政府对不宜采取家庭承包方式的荒山、荒沟、荒丘、荒滩等农村土地的承包合同拥有批准权（三亚市亚龙湾国家旅游度假区管理委员会则无此权力）。但是，法律法规没有授予其变更、解除农村土地承包合同或者强迫、阻碍农村土地流转的职权。根据行政职权法定原则，涉案被告均没有作出涉案具体行政行为的法定职权。与此相反，法律明确禁止对已订立的合同的干预，从而体现了社会主义市场经济正常运转的内在规律，即平等、法制、竞争、开放。其中的法制性就是有序性，要求任何经济活动都要在法制原则下有序进行。《合同法》第四条规定：" 当事人依法享有自愿订立合同的权利，任何单位和个人不得非法干预。"《农村土地承包法》第六十一条规定：" 国家机关及其工作人员有利用职权干涉农村土地承包，变更、解除承包合同，干涉承包方依法享有的生产经营自主权，或者强迫、阻碍承包方进行土地承包经营权流转等侵害土地承包经营权的行为，给承包方造成损失的，应当承担损害赔偿等责任；情节严重的，由上级机关或者所在单位给予直接责任人员行政处分；构成犯罪的，依法追究刑事责任。"涉案被告三亚市吉阳镇人民政府、三亚市亚龙湾国家旅游度假区管理委员会在没有任何法律法规依据的情况下，以《通知》的形式做出行政决定，终止土地承包协议、变更合同主体、收回集体土地，其行为已超越职权范围，造成了对农村土地承包经营权的侵犯，违反了《农村土地承包法》的禁止性规定。

2. 具体行政行为认定事实是否清楚，证据是否确凿充分。待证事实部分主要有两个方面：一个是与起诉条件相关的事实；一个是与实体裁判相关的事实，包括与被诉具体行政行为合法性相关的事实，引起、消灭、变更行政法律关系的相关事实以及当事人提出的某些相关特殊主张。行政机关作出具体行政行为，不仅应当以事实为依据，其所依据的事实还应当与法律法规所预设的事实一致。

3. 具体行政行为适用法律、法规是否正确。根据《行政诉讼法》的规定，具体行政行为适用法律、法规错误的，人民法院应当判决撤销或部分撤销。从司法实践的情况来看，具体行政行为适用法律、法规错误的具体外在表现情形主要有：未援引任何法律规范；未援引具体的条款项目；对法律规范的适用不符合该法律规范的效力范围；违反了法律冲突适用规则；援引法律规范的条文错位；等等。

4. 具体行政行为的做出是否遵循了法定程序。行政程序是指由行政行为的步骤、顺序、期限、方式四要素构成的行政行为过程。因本案并不涉及该部分的严格审查，本文便不再赘述。

三、运用裁判要旨应当注意的问题

1. 行政职权不仅来源于宪法、法律、法规、规章，也可以来源于规章以下的行政规范性文件。例如，行政机关成立后，其行政职权往往通过"三定方案"文件确定下来，该文件通常属于规章以下的规范性文件。又如，当法律、法规、规章对行政职权的规定尚不具体或者存在竞合时,相关行政机关通过发布规章以下的规范性文件的方式予以进一步明确的情形也比较常见。这些规章以下的规范性文件在合法、有效、合理、适当的情况下,可以作为法院判断行政机关有无职权的依据。因此,在对本篇涉案被告的行政职权进行审查时,要严格依法进行。规章以下的行政规范性文件不属于《立法法》意义上的"法",故它们对行政职权的设定受到较为严格的限制,如果违反了法律的禁止性规定,绝对不具有法律效力。

2. 在审查具体行政行为合法性的时候,特别注意的是举证责任。《行政诉讼法》第三十二条规定,被告对作出的具体行政行为负有举证责任,应当提供作出该具体行政行为的证据和所依据的规范性文件。据此,对于具体行政行为所认定的或依据的事实,显然是由被告承担举证责任,原告或者第三人不承担举证责任。当然,原告有权提供用以证明具体行政行为违法的证据,即使原告提供的证据不能证明具体行为违法,法院也不能以举证为由想当然地认定具体行政行为合法。

(作者单位:海南省三亚市城郊人民法院)

对盲人进行处罚时正当法律程序原则的适用
——李某某诉北京市公安局朝阳分局治安行政处罚案①

哈胜男　卞京英

【裁判要旨】

公安机关对盲人进行行政处罚时，应按照正当法律程序原则，充分考虑盲人没有阅读能力的特殊情况，确保其正常有效地行使权利、履行义务，保证程序的公开和参与，必要时应参照公安部《公安机关办理行政案件程序规定》进行录音、录像或者请相关人员陪同在场。

【索引词】

行政处罚　盲人　正当法律程序

【案情】

原告（被上诉人）：李某某（盲人）。

被告（上诉人）：北京市公安局朝阳分局。

北京市朝阳区人民法院经审理查明：2010 年 3 月 2 日，盲人李某某因分房问题与单位发生争执，后独自一人离开单位。当日 17 时许，因涉嫌扬言放火，李某某被传唤至北京市公安局朝阳分局建国门外派出所（以下简称建外派出所）。被告所制作的《传唤证》中无李某某的签名或指纹，仅由民警记载"以上记录已向李某某宣读，该人表示无异议"。当日 18 时 10 分，建外派出所民警对李某某进行询问并制作《询问笔录》，笔录中也无李某某的签名或指纹，由民警注明"以上笔录已向该人宣读，该人表示无异议"。同日，建外派出所民警对将李某某带至派出所的值勤民警吴冰柏、陈光分别进行询问并制作了《询问笔录》。建外派出所民警还于当日 23 时许对原告李某某单位的党委副书记张文亚进行询问并制作《询问笔录》。

2010 年 3 月 3 日，北京市公安局朝阳分局（以下简称朝阳公安分局）对李某某作出《公安行政处罚告知笔录》，该笔录无李某某的签名或指纹，由民

---

① 一审：北京市朝阳区人民法院（2011）朝行初字第 285 号；二审：北京市第二中级人民法院（2012）二中行终字第 265 号。

警记载"以上内容已向该人宣读,该人无异议"。2010年3月3日,朝阳公安分局作出京公(朝)决字〔2010〕第1002608号《公安行政处罚决定书》,查明2010年3月2日17时许,李某某在本市朝阳区建外大街北侧建国饭店门前扬言要到天安门放火自焚,被民警当场抓获。依据《治安管理处罚法》第二十五条第(三)项之规定,决定给予李某某行政拘留五日的处罚。处罚决定书上记载"以上记录已向该人宣读,该人表示服从不申诉。此决定书该人表示无实际意义,拒绝接收"。该处罚决定尚未执行。

原告李某某诉称,2010年3月2日,原告因与工作单位发生争执,一个人从位于十里堡的公司往磨房南里的家走,途中有两人主动劝原告休息一下。停下来后李某某问自己所处位置,那两人告知所处位置是国贸桥,右手是天安门方向。聊天过程中,原告讲述自己当天的经历,由于感到委屈,随口说自己不想活了,想自焚,后被民警带到建外派出所。第二天早晨被磨房南里社区书记接回潘家园派出所,后由家属接回家。事后一直到2011年4月22日,原告和家属到建外派出所查询才知道原告受过拘留的行政处罚。原告表示怀疑,从来没有任何人员告知原告被拘留过。直至2011年5月11日原告才从建外派出所拿到被诉行政处罚决定书的复印件。原告认为该处罚决定未依法定程序作出,履行程序错误,并且该处罚缺乏事实依据,处罚过重。因此请求法院判决撤销朝阳公安分局作出的京公(朝)决字〔2010〕第1002608号《公安行政处罚决定书》。

被告朝阳公安分局辩称,2010年3月2日17时许,李某某在本市某区某大街北侧建国饭店门前扬言要到天安门自焚,被民警抓获。我分局于2010年3月3日依据《治安管理处罚法》第二十五条第(三)项之规定,决定给予李某某行政拘留五日的处罚。被告作出的处罚决定认定事实清楚、适用法律正确、程序合法、处罚幅度适当,请求法院予以维持。

【审判】

一审法院经审理认为:为规范公安机关办理行政案件程序,保障公安机关在办理行政案件中正确履行职责,保护公民、法人和其他组织的合法权益,公安部制定并施行《公安机关办理行政案件程序规定》。该规定是公安机关办理行政案件的程序依据。该规定对询问程序作出了一般性规定,即询问笔录应当交被询问人核对,对没有阅读能力的,应当向其宣读。记录有误或者遗漏的,应当允许被询问人更正或者补充,并要求其在修改处捺指印。被询问人确认笔录无误后,应当在询问笔录上逐页签名或者捺指印。拒绝签名和捺指印的,办案人民警察应当在询问笔录中注明。询问时,在文字记录的同时,可以根据需要录音、录像。针对聋哑人和未成年人,上述规章还作了特殊规定,即询问聋哑人应当有通晓手语的人参加;询问未成年人时应当通知父母或者其他监护人到场。从上述规定可以看出,不论是一般性规定还是特殊性规定,均是为了保障当事人能够正常地、有效地行使权利和履行义务,这也是正当程序原则的体现。过程公开和保证参与是正当程序的基本要素。本案中，无论是对李某某的询问还是对其作出的《传唤证》、工作记录、处罚告知均无李某某的签名或指纹，只由民警记载"以上笔录（内容）已向该人宣读，该人表示无异议"。在送达《公安行政处罚决定书》时，处罚决定上记载"以上记录已向该人宣读，该人表示服从不申诉。此决定书该人表示无实际意义，拒绝接收"。原告作为盲人，本人无法阅读被告对其所制作的任何材料，即使被告的执法人员向其进行宣读，其也无法确认所签名或加盖指纹的材料是否即为宣读的材料。因此，为了保证盲人在行政程序中正常、有效地行使权利、履行义务，有必要依据前述程序性规定进行录音、录像或者请相关人员陪同在场。本案中被告对原告李某某履行程序的各环节均仅是李某某一人在场且在无录音、录像的情形下进行的，不符合正当程序的基本原则。

同时，正是由于被告履行程序不当，李某某未对其《询问笔录》的内容予以确认，李某某当庭又否认了笔录中记载的内容，仅凭民警的证言不足以证明案件的事实。因此，被告认定李某某扬言到天安门放火自焚的证据不足，本院无法支持。综上，被告作出的涉案行政处罚决定的证据不足、程序违法，应予撤销。依据《中华人民共和国行政诉讼法》第五十四条第（二）项第一目、第三目之规定，判决撤销被告朝阳公安分局于2010年3月3日作出的京公（朝）决字〔2010〕第1002608号《公安行政处罚决定书》。

被告朝阳公安分局不服一审判决提出上诉，请求撤销一审判决、改判维持该局所作京公（朝）决字〔2010〕第1002608号《公安行政处罚决定书》。朝阳公安分局的上诉理由如下：该局对李某某制作的《询问笔录》符合《治安管理处罚法》和《公安机关办理行政案件程序规定》的有关规定；法律并无规定对盲人制作笔录应通知相关人员到场，此种情况下，行政机关没有权力通知其家属到场参与询问查证；该局对李某某的询问过程均在"三室"中进行，均有录像，只是由于李某某起诉时间已经超过1年，超过了保存时间而未保存；综合全案情况，李某某的供述是其当时真实意思表示；李某某起诉时已超过起诉期限。

李某某同意一审判决，请求予以维持。

北京市第二中级人民法院认为：公安机关在办理行政案件过程中应严格遵守《治安管理处罚法》和《公安机关办理行政案件程序规定》的规定。在对盲人等没有阅读能力的特殊当事人进行行政处罚时，为使当事人能够正常地、有效地行使权利和履行义务，公安机关在遵守《治安管理处罚法》和《公安机关办理行政案件程序规定》，严格履行法定程序的同时，还应充分考虑到盲人等没有阅读能力的当事人的特殊情况，按照正当程序原则，在处罚程序中体现过程公开和保证参与。本案中，朝阳公安分局在一审诉讼期间提交的对李某某的《传唤证》《询问笔录》《公安行政处罚告知笔录》和京公（朝）决字〔2010〕第1002608号《公安行政处罚决定书》等证据，因没有李某某本人签字或捺指印，且没有相关人员在场见证或有相关录像资料予以佐证，故不能证明朝阳公安分局已向李某某告知了相关内容，进而不能证明该局的处罚程序足以保证作为没有阅读能力的盲人李某某正常、有效地行使了被处罚人应享有的权利。据此，一审判决撤销朝阳公安分局所作京公（朝）决字［2010］第 1002608 号《公安行政处罚决定书》是正确的，应予维持。据此，二审法院依照《中华人民共和国行政诉讼法》第六十一条第（一）项的规定，判决驳回上诉，维持一审判决。

【评析】

本案是一起普通的治安行政处罚案件，其特殊性在于原告李某某是一名双目失明的盲人。对盲人进行处罚应遵循何种处罚程序，《行政处罚法》《治安管理处罚法》以及公安部制定的《公安机关办理行政案件程序规定》等均无明确规定，直接适用一般程序是否侵犯这一特殊群体的合法权益，法官在审理时如何运用正当程序原则进行判断是本案值得探讨的问题。

（一）正当程序原则的含义及在处罚类法律规定中的体现

正当程序原则又称正当法律程序原则，是行政法的重要基本原则，其起源于英国古老的"自然正义"法则①。正当程序原则主要是指行政机关在作出影响行政相对人合法权益的行为时，必须遵循正当的法律程序，结合中外有关学者的不同学说，笔者认为其有三方面的基本要求：第一，行政公开，即除涉及国家秘密和依法受保护的商业秘密、个人隐私外，行政机关做出任何行政行为特别是对行政相对人不利的行政行为必须说明理由，以实现公民的知情权；第二，听取陈述和申辩，即行政机关在作出不利行政决定时，必须听取行政相对人的陈述和申辩，必要时要主动或依申请举行听证，以保证相对人的参与权；第三，保持中立，即任何人不应成为自己案件的法官，行政机关及其工作人员对与自己有利害关系的事务或争议应主动回避或应当事人申请回避。

行政处罚作为典型的行政机关作出的不利行政决定，其处罚程序是否符合正当程序原则显得尤为重要。从有关法律规定来看，对行政机关实施行政处罚具有总则和全局指导意义的《行政处罚法》明确贯彻了这一基本原则，该法第六条规定，公民、法人或者其他组织对行政机关所给予的行政处罚，享有陈述权、申辩权，对行政处罚不服的，有权依法申请行政复议或者提起行政诉讼。该法第五章第三节专门就听证程序进行了规定，体现了无论何种职权的行政机关在实施行政处罚时均应遵循正当程序原则的立法精神。从部门法的角度来说，《治安管理处罚法》总则中，第五条明确规定实施治安管理处罚，应当公开、公正，尊重和保障人权。《治安管理处罚法》在处罚程序一章中，就行政相对人所享有的陈述、申辩权、听证权及送达程序均进行了详细的规定，上述内容无一不体现正当程序原则在处罚程序中的重要作用。

此外，公安部制定的《公安机关办理行政案件程序规定》，更是细化了公安机关执法的相应程序，对于询问程序，其既有一般规定也有特殊规定，一

---

① 姜明安主编：《行政法与行政诉讼法》，北京大学出版社2007年版，第72页。

般规定为询问笔录应当交被询问人核对，对没有阅读能力的，应当向其宣读，允许被询问人更正或者补充，被询问人确认笔录无误后，应当在询问笔录上逐页签名或者捺指印；同时，针对聋哑人和未成年人作了特别规定，规定询问聋哑人应当有通晓手语的人参加；询问未成年人时应当通知父母或者其他监护人到场。上述规定均体现了行政相对人对行政程序的参与权与知情权，是正当程序原则的体现。

（二）本案被告的行为是否符合正当程序原则的要求

本案中，被告在履行处罚程序的过程中，对原告李某某进行询问制作了《询问笔录》，在处罚前对其进行告知制作了《行政处罚告知笔录》，此外，被告还制作了相应的《传唤证》及工作记录等材料。上述所有材料均无李某某本人的签名或指纹，只是由民警单方记载"以上笔录（内容）已向该人宣读，该人表示无异议"。而在送达《公安行政处罚决定书》时，也只是在处罚决定上记载"以上记录已向该人宣读，该人表示服从不申诉。此决定书该人表示无实际意义，拒绝接收"。原告李某某当庭否认实施了被告认定的扬言到天安门放火自焚的违法行为，其主张对被告制作的上述证据材料的内容毫不知情，对被告的执法程序提出异议。对此，被告的解释是，原告李某某是盲人，让其签字没有意义。结合被告提交证据的情况及原告的当庭陈述，笔者认为，被告的行为不符合正当程序原则的要求，无法保证原告在行政程序中的参与权，理由如下：

首先，被告的做法无法保证原告在行政程序中的知情权与参与权。《公安机关办理行政案件程序规定》没有对盲人进行询问作出特殊规定，但结合前述询问程序的一般性规定和特别规定来看，都是为了保障行政相对人能够正常地、有效地行使权利和履行义务，参与到行政程序中来，维护自己的合法权益。本案中，原告李某某系双目失明的盲人，无法阅读普通书面材料，即使如被告所称其向李某某进行了宣读，李某某也无法确认宣读的内容与需要确认签字的笔录材料是否一致，因此被告的做法不能保证李某某对行政处罚的知情权和参与权。并且，本案原告未在相关笔录上签字或捺指印，被告单方记载其对笔录内容无异议的做法也是违反法律规定的。

其次，对盲人进行处罚，不应简单套用一般性程序规定。过程公开和保证参与是正当程序原则的两个基本要素。盲人作为特殊弱势群体，不同于前述规定中所列的没有阅读能力的行政相对人，基于其本身所具有的视力残疾缺陷，公安机关对其询问时应参照特殊规定，采取提供盲文服务、通知其家属在场或进行录音录像等手段，来确保盲人参与行政程序的有效性，这也是符合正当程序要求的。本案中，被告对原告李某某履行程序的各环节均仅是李某某一人在场且在无录音、录像的情形下进行的，因此不符合正当程序的基本原则。

最后，被告所作处罚违背了《治安管理处罚法》的立法精神。《治安管理处罚法》第十四条规定，盲人或者又聋又哑的人违反治安管理规定的，可以从轻、减轻或者不予处罚。本案被告并未将原告作为特殊的被处罚对象加以审慎考量，履行正当有效的程序。原告作为一名双目失明、有一定肢体残疾的盲人，且已年过五十，其是否具备到天安门自焚的能力尚是一个未知数，社会危害性并不必然，被告直接对其处以拘留五日的处罚显然是不适当的，违背了《治安管理处罚法》的立法精神。

（三）被告程序违法对本案被诉行政处罚决定合法性的影响

在司法实践中，被告履行程序违法并不必然导致被诉具体行政行为合法性的全盘否定，要视违法的情形而定。结合本案的证据情况来看，被告提交的能够反映案件关键事实的证据除对李某某的询问笔录外，只有当日值班民警的询问笔录，正是由于被告违反了正当程序原则，李某某没有对《询问笔录》的内容进行确认，当庭亦否认了笔录中记载的内容，而两位民警系与本案有利害关系的办案人员，其证言证明力低，因此，本案被告提交的证据无法形成完整的证据链证明原告实施了扬言要到天安门放火自焚的违法行为。因此，被告作出的处罚决定证据不足，应予撤销。

（作者单位：北京市朝阳区人民法院）

高等院校依据与民办高校签订的协议作出学位授予行为的司法审查
——何某某诉华中科技大学要求履行法定职责案[1]

侯士宇

【裁判要旨】

具有审查授予普通高校学士学位资格的高校,可以按照与民办高校签订的协议,对于符合本校学士学位授予条件的民办高校应届本科毕业生经审查合格授予普通高校学士学位,且有权依照《学位条例暂行实施办法》第二十五条的规定,在不与上位法冲突的情况下结合本校实际制定学位授予标准。

【索引词】

高校　学位授予　司法审查

【案情】

原告（上诉人）：何某某。

被告（被上诉人）：华中科技大学。

第三人：华中科技大学武昌分校。

何某某系华中科技大学武昌分校2003级通信工程专业的本科毕业生。华中科技大学武昌分校是独立的事业法人单位,无授予学士学位的资格。根据国家对于民办高校学士学位授予的相关政策规定,2003年5月12日,在华中科技大学与武汉军威企业集团有限公司签订的补充协议中约定,华中科技大学同意对华中科技大学武昌分校的本科毕业生中符合学士学位条件的授予学士学位,并在协议附件载明了《华中科技大学武昌分校授予本科毕业生学士学位实施细则》,其中第二条规定,"凡具有我校学籍的本科毕业生,符合本《实施细则》中授予条件者,均可向华中科技大学学位评定委员会申请授予学士学位",第三条规定,"……达到下述水平和要求,经学术评定委员会审核通过者,可授予学士学位……（三）通过全国大学英语四级统考"。2006年

---

[1] 一审：湖北省武汉市洪山区人民法院（2008）洪行初字第81号；二审：湖北省武汉市中级人民法院（2009）武行终字第61号。

12月，华中科技大学作出《关于武昌分校、文华学院申请学士学位的规定》，规定通过全国大学外语四级考试是非外国语专业学生申请学士学位的必备条件之一。2007年6月30日，何某某获得华中科技大学武昌分校颁发的普通高等学校毕业证书。由于何某某本科学习期间未通过全国英语四级考试，华中科技大学武昌分校根据上述实施细则，未向被告华中科技大学推荐申请授予学士学位。2007年8月26日，何某某向华中科技大学和华中科技大学武昌分校提出授予工学学士学位的申请。2008年5月21日，华中科技大学武昌分校作出书面答复，因其没有通过全国大学英语四级考试，不符合授予条件，华中科技大学不能向其颁发学士学位。何某某遂诉至法院，要求华中科技大学履行授予学位证书的法定职责。

【审判】

一审法院认为：依据《学位条例》《学位条例暂行实施办法》《国务院批准首批授予学士学位高等学校名单》的授权，华中科技大学具有授予学士学位的法定职责。华中科技大学在收到何某某申请之日起六十日内未授予其工学学士学位，对原告权利义务产生实际影响，是可诉行政行为，且华中科技大学是本案适格的被告。何某某是华中科技大学武昌分校的本科毕业生，华中科技大学武昌分校依据《学位条例暂行实施办法》第四条第二款的规定，对该校达到学士学术水平的本科毕业生，向被告推荐，由被告审核是否授予学士学位。华中科技大学及华中科技大学武昌分校均将通过全国大学英语四级考试作为学士学位授予的必要条件之一，没有违反《学位条例》第四条、《学位条例暂行实施办法》第二十五条的规定。华中科技大学武昌分校以何某某没有通过全国大学英语四级考试，不符合学士学位授予条件为由，未向华中科技大学推荐审核是否授予学士学位。何某某要求华中科技大学为其颁发工学学士学位证书的诉讼请求，无事实和法律依据。华中科技大学在收到何某某邮寄送达的申请书后，转交其所在学校处理，并由华中科技大学武昌分校书面告知其不能授予学位的原因，因此何某某起诉华中科技大学不作为的理由不成立，依法不予支持。依据《最高人民法院关于执行〈中华人民共和国行政诉讼法〉若干问题的解释》第三十九条第一款、第五十六条第（一）项之规定，判决：驳回原告何某某要求被告华中科技大学为其颁发工学学士学位的诉讼请求。

何某某不服，上诉至武汉市中级人民法院，认为：一、英语四级考试不属于国务院教育行政部门确定的考试种类，《学位条例》没有明确规定英语四级为授予学士学位条件，英语四级考试是超出法定学术水平范围的考试，不应与学位挂钩，以四级考试为标准颁发学位证没有依据。二、华中科技大学把英语四级作为学位条件，未在考生填报志愿之前通过招生简章告知考生，所以将英语四级作为学位条件程序违法应为无效。请求二审法院依法撤销原审判决，直接改判被上诉人依据法定学位条件颁发学士学位暨判决英语四级考试为非学位条件。

华中科技大学辩称：一、何某某在华中科技大学武昌分校毕业时没有向华中科技大学武昌分校申报学士学位。因此,华中科技大学不应当是本行政诉讼案件适格的被告。二、该校将英语四级考试成绩与学士学位挂钩,符合《学位条例暂行实施办法》规定。三、何某某于2007年7月毕业时明知自己未取得学位证,却于2008年5月21日才提起诉讼,已超过诉讼时效,遂请求驳回上诉,维持原判。

二审法院认为:何某某于2007年8月26日向被上诉人华中科技大学和第三人华中科技大学武昌分校均提出授予工学学士学位的申请。华中科技大学在收到申请之日起六十日内未授予其工学学士学位,何某某向人民法院提起行政诉讼符合法律规定。被上诉人华中科技大学是本案适格的被告。何某某提出申请后,于2008年5月21日华中科技大学武昌分校书面答复的当天提起行政诉讼,依法律未超过起诉期限。华中科技大学将英语四级考试成绩与学士学位挂钩,在法律法规的授权范围之内,并未违反《学位条例》和《学位条例暂行实施办法》的规定。此外,高等院校的招生简章是一种面向高考考生和社会公众的招生宣传方式,不可能穷尽所有的教学内容和学术标准。未在招生简章中告知并不能认为程序违法。一审判决认定事实清楚,适用法律正确,审理程序合法。依照《行政诉讼法》第六十一条第(一)项的规定,判决:驳回上诉,维持原判。

【评析】

一、背景情况介绍

"田永案"后,行政法学界关于高等学校的行政主体地位,已经有比较明确的定论,高等学校以法律、法规授权组织的身份具有被告资格不再有争议。但高等学校以自行制定的学士学位授予标准,如将通过"大学英语四级考试"作为评价标准来决定是否给学位申请者授予学位是否合法,成为高校行政诉讼案件的热点问题。

二、确立裁判要旨的理由

本案的特殊之处在于,被告具有授予学士学位的资格,按照被告与民办高校签订的协议,对民办高校推荐的毕业生的学位资格进行审核及授予学位。对本案履行学位授予职责的审查焦点是被告在本案中是否适格、学位授予标准的合法性、被告是否存在不作为情形。

1. 被告是否适格。根据《学位条例》等法规、规章的授权,华中科技大学具有审查授予普通高校学士学位的法定职权。依据《学位条例暂行实施办法》第四条第二款"非授予学士学位的高等院校,对达到学士学术水平的本科毕业生,应当由系向学校提出名单,经学校同意后,由学校就近向本系统、本地区的授予学士学位的高等院校推荐。授予学士学位的高等院校有关的系,对非授予学士学位的高等院校推荐的本科毕业生进行审查考核,认为符合本暂行办法及有关规定的,可向学校学位评定委员会提名,列入学士学位获得者名单",以及国家促进民办高校办学的政策的相关规定,华中科技大学可以按照与民办高校的协议，对于符合本校学士学位授予条件的民办高校应届本科毕业生经审查合格授予普通高校学士学位。本案中，华中科技大学武昌分校是未取得授予学士学位的民办普通高等院校，该院校与华中科技大学签订合作办学协议约定，华中科技大学武昌分校对该校达到学士学术水平的本科毕业生，向被上诉人华中科技大学推荐，由被上诉人华中科技大学审核是否授予学士学位。依据《学位条例暂行实施办法》的规定和华中科技大学与华中科技大学武昌分校之间的合作办学协议，华中科技大学具有对华中科技大学武昌分校推荐的应届本科毕业生进行审查和决定是否颁发学士学位的法定职责。华中科技大学武昌分校的本科毕业生何某某以华中科技大学在收到申请之日起六十日内未授予其工学学士学位，向人民法院提起行政诉讼，符合《最高人民法院关于执行〈中华人民共和国行政诉讼法〉若干问题的解释》第三十九条第一款的规定，因此，被上诉人华中科技大学是本案适格的被告。

2. 被告制定的《华中科技大学武昌分校授予本科毕业生学士学位实施细则》第三条的规定是否符合上位法规定。《学位条例》对于授予学士学位的标准作了原则性的规定，该条例第四条规定："高等学校本科毕业生，成绩优良，达到下述学术水平者，授予学士学位：（一）较好地掌握本门学科的基础理论、专门知识和基本技能……"《学位条例暂行实施办法》第二十五条规定："学位授予单位可根据本暂行条例实施办法，制定本单位授予学位的工作细则。"该办法赋予学位授予单位在不违反《学位条例》所规定授予学士学位基本原则的基础上可自行制定学士学位授予标准的权力和职责。华中科技大学作为有学士学位授予权的国家教育部部属重点高等院校，其在国家学士学位授予基本原则范围内自行对其所培养的本科生教育质量和学术水平作出具体的规定和要求，有权自行制定授予学士学位的学术标准和规则。华中科技大学将英语四级考试成绩与学士学位挂钩，在法律法规的授权范围之内，并没有违反《学位条例》第四条和《学位条例暂行实施办法》第二十五条的原则性规定。

3. 被告是否不作为。何某某因未通过全国大学英语四级考试不符合华中科技大学学士学位的授予条件，华中科技大学武昌分校未向华中科技大学推荐申请，故华中科技大学并不存在不作为的事实。

三、其他问题

对学校授予学位的行为以合法性审查为原则。各高等院校根据自身的教学水平和实际情况在法定的基本原则范围内确定各自学士学位授予的学术标准，是学术自治原则在高等院校办学过程中的具体体现。坚持确定较高的学士学位授予学术标准抑或适当放宽学士学位授予学术标准，均应由各高等院校根据各自的办学理念、教学实际情况和对学术水平的理想追求自行决定，对学士学位授予的司法审查不能干涉和影响高等院校的学术自治原则，学位授予类行政诉讼案件司法审查的深度和广度应当以合法性审查为基本原则。

（作者单位：湖北省武汉市中级人民法院）

【以案释法】

"严重"影响城市规划违法建设的界定与处理
——刘某某、苏某某诉徐州市九里区城市管理行政执法局城市规划管理行政强制及行政赔偿案

章文英　梁　卓

【裁判要旨】

根据《城市规划法》的规定，严重影响城市规划的违法建设在符合法定条件下可以强制拆除，但如何理解"严重影响城市规划"在行政执法和司法审判的实践中都存在争议。当强拆过程中存在不合法时，如何确定行政赔偿也是类似案件的难点之一。只有在现行法律规定的基础上，充分运用体系解释、目的解释等多种方法，正确理解法律规定的内在含义，才能有效地解决相关问题。

【案例索引】

一审：江苏省徐州市九里区人民法院（2007）九行初字第 6 号
二审：江苏省徐州市中级人民法院（2008）徐行终字第 60 号
再审：江苏省高级人民法院（2011）苏行监字第 227 号
最高人民法院（2012）行监字第 259 号
江苏省高级人民法院（2013）苏行监字第 084 号
最高人民法院（2014）行监字第 218 号

【案情】

申诉人（一审原告，二审上诉人）：刘某某。
申诉人（一审原告，二审上诉人）：苏某某。
被申诉人（一审被告，二审被上诉人）：徐州市九里区城市管理行政执法局。

刘某某、苏某某于 1987 年在本市九里区九里山平山口西石塘窝处建房，并于 2003 年 8 月、11 月分别取得了徐州市房产管理局和徐州市人民政府颁发的房屋所有权证和国有土地使用权证，记载面积为 120 余平方米。2006 年，

刘某某、苏某某在其拥有使用权的国有土地上施工建房，但未办理相应的建设工程规划许可证，九里区行政执法局于同年 12 月立案查处。2007 年 4 月 7 日，九里区行政执法局向刘某某、苏某某送达了徐九城执行罚字（2007）第 1 号《行政处罚决定书》，责令其限期自行拆除违章建筑物。同年 6 月 4 日，九里区行政执法局强行拆除了刘某某、苏某某的房屋共计 825 平方米。刘某某、苏某某不服，认为九里区行政执法局的行政行为无法律依据，故诉至法院，请求确认被告的行政行为违法，并请求判令九里区行政执法局修复其房屋，赔偿其损失 476584 元。

【裁判】

徐州市九里区人民法院一审认为：1. 依据行政职权法定的原则，行政机关具有何种职权应当由法律规定，非依法律授权不得行使、转让、处分。任何行政职权的行使必须在一定的范围和限度之内，否则即为越权。根据行政法的原则，越权行为是无效的。在本案中，被告九里区行政执法局在 2007 年 4 月 7 日对刘某某、苏某某作出徐九城执行罚字（2007）第 1 号《行政处罚决定书》，责令其自行拆除违章建筑物，后又强行拆除了原告的房屋。依据 1989 年《城市规划法》第四十二条之规定，"当事人对行政处罚不服的，可以在接到处罚通知之日起十五日内，向作出处罚决定的机关的上一级机关申请复议……当事人逾期不申请复议、也不向人民法院起诉、又不履行处罚决定的，由作出处罚决定的机关申请人民法院强制执行"，故即使原告在申请行政复议及起诉期限内既不申请行政复议也不向人民法院起诉、又不履行处罚决定的，被告也应向人民法院申请强制执行，并无强制拆除原告房屋的职权，其行为应属超越职权。2. 依据徐九城执行罚字（2007）第 1 号行政处罚决定书告知的权利，原告在收到该决定书之日起六十日内，有权向徐州市九里区人民政府或徐州市城市管理行政执法局申请行政复议，也可在九十日内直接向徐州市九里区人民法院起诉。而被告在 2007 年 4 月 7 日给原告送达处罚决定书后，同年 6 月 4 日即强行拆除了原告的房屋，剥夺了原告的诉权，其行政行为违反了相关法律规定。3. 依据 1995 年《国家赔偿法》第二条之规定，"国家机关和国家机关工作人员违法行使职权侵犯公民、法人和其他组织的合法权益造成损害的，受害人有权依照本法取得国家赔偿的权利"。原告违法建设房屋事实清楚，其损失并非合法权益，原告的赔偿请求本院不予支持；由于原告的房屋已被拆除，无恢复的可能，故原告请求被告修复被其损坏的房屋的诉讼请求，本院亦不予支持。综上，依据《行政诉讼法》第五十四条第（二）项第三目、第四目及《最高人民法院关于审理行政赔偿案件若干问题的规定》第三十三条之规定，判决如下：一、确认被告徐州市九里区城市管理行政执法局于 2007 年 6 月 4 日作出的强行拆除刘某某、苏某某所建，位于徐州市九里区九里山平山口西石塘窝处 825 平方米房屋的行政行为违法；二、驳回原告刘某某、苏某某请求被告徐州市九里区城市管理行政执法局修复其房屋，赔偿其损失 476584 元的诉讼请求。

刘某某、苏某某对一审判决不服，向江苏省徐州市中级人民法院提起上诉。

江苏省徐州市中级人民法院二审认为：被上诉人徐州市九里区城市管理行政执法局在2007年4月7日对上诉人刘耀华、苏汝荣作出徐九城执行罚字（2007）第1号《行政处罚决定书》，责令其自行拆除违章建物。上诉人在收到该决定书之日起六十日内，依法有权向徐州市九里区人民政府或徐州市城市管理行政执法局申请行政复议，也可在九十日内直接向徐州市九里区人民法院起诉。而被上诉人在2007年4月7日向上诉人送达处罚决定书后，即于同年6月4日强行拆除了上诉人的房屋，剥夺了上诉人的诉权，其行政行为属于程序违法。被上诉人在作出处罚决定前，多次责令上诉人停止建房，上诉人仍然继续违法建房，其违法建设房屋的事实清楚，且严重影响城市规划，依法应予拆除。被上诉人强制拆除行为虽然违法，但根据《国家赔偿法》第二条之规定，其被违法拆除的房屋属违法建筑，损失并非合法权益，不受法律保护，不予赔偿，亦符合《城市房屋拆迁管理条例》第二十二条关于"拆除违章建筑和超过批准期限的临时建筑，不予赔偿"的规定。上诉人的赔偿请求，本院不予支持。关于上诉人在二审诉讼期间申请鉴定的问题，本院认为其被拆除的房屋属违法建筑，其损失不受法律保护，因此，对其鉴定无实际意义，其该项申请不予批准。综上，一审法院判决认定事实清楚，适用法律正确，审判程序合法，应予维持。依据《行政诉讼法》第六十一条第（一）项之规定，判决驳回上诉，维持原判。

刘某某、苏某某对二审判决不服，向江苏省高级人民法院申请再审。

江苏省高级人民法院复查后认为：刘某某、苏某某在没有办理相关规划准建手续的情况下，擅自施工建房，所建房屋属于非法建筑。在施建过程中，九里区执法局多次下达限期整改通知，责令申请人停止建房，但申请人仍然继续实施建房违法行为。根据前述违法事实，九里区执法局于2007年4月7日作出责令自行拆除违章建筑的行政处罚决定，同时送达。2007年6月4日，在该处罚决定权利救济期间尚未届满的情况下，九里区执法局即将申请人所建房屋予以拆除，事实上限制和剥夺了申请人的救济权，原审法院据此判决确认该拆除行为违法并无不当。关于是否应予赔偿的问题，依照1995年《国家赔偿法》第二条的规定，国家机关和国家机关工作人员违法行使职权侵犯公民、法人或者其他组织的合法权益的，受害人有取得国家赔偿的权利。据此可知，只有合法权益受到国家机关及其工作人员违法行使职权的行为侵害才可要求国家赔偿。在本案中，申请人被拆除建筑系违章建筑，损失并非合法权益，依法不属于国家赔偿范围。综上，本院认为原审判决在认定事实和适用法律方面并无不当。申请人对该案的再审申请不符合法律规定的再审条件，根据1998年《最高人民法院关于执行〈中华人民共和国行政诉讼法〉若干问题的解释》第七十四条的规定，申请人的再审申请应予以驳回。

刘某某、苏某某对江苏高院复查结果不服，向最高人民法院提起申诉。

最高人民法院经复查后认为：第一，根据《城市规划法》第四十条规定，影响城市房屋规划的建筑只有达到"严重"的程度才必须拆除。本案争议房屋在已经取得土地和房屋相关权属证书的情况下，是否达到"严重影响城市规划"的程度，是房屋损失应否赔偿的关键。对此，原审法院未予审查，仅以被拆房屋不属于合法利益为由驳回当事人诉求，认定事实不清，适用法律不当。第二，被申诉人违反法定程序，没有给申诉人留出合法、必要的时间救济自身权利并处置财产，由此给申诉人造成的财物损失，被申诉人应当承担相应的责任。原审法院对此未加审查，明显不当。请江苏高院针对申诉人提出的上述问题进行复查，并于收到本通知之日起三个月内将复查结果径复当事人并报我院。

江苏省高级人民法院再次复查后认为：根据《江苏省实施〈中华人民共和国城市规划法〉办法》第二十八条的规定，在城市规划区内，居民新建、扩建、改建、翻建私有住房，申请人应持房屋产权证件、土地使用权属证件、户籍证件，向城市规划行政主管部门申请办理建设工程规划许可证。该案中，申请人在没有办理相关规划准建手续的情况下，擅自施工建设房屋 825 平方米，该房屋属于违法建筑。申请人在建房过程中，九里区执法局多次下达限期整改通知，责令申请人停止建房，但申请人却继续实施违法建房行为。据此，九里区执法局于 2007 年 4 月 7 日对申请人作出徐九城执行罚字〔2007〕第 1 号行政处罚决定书，责令申请人自行拆除违章建筑，并于当日向申请人送达。2007 年 6 月 4 日，在该处罚决定权利救济期限尚未届满的情况下，九里区执法局组织人员对申请人所建房屋实施拆除，客观上限制和剥夺了申请人的救济权，九里区执法局的执法程序不符合法律规定，原审法院据此判决确认该拆除行为违法，支持了申请人的该项诉讼请求。但程序违法并不必然导致申请人的合法权益受到侵害。根据 1995 年《国家赔偿法》第二条的规定，行政机关违法行使职权侵犯公民、法人或者其他组织的合法权益造成损害的，受害人有依法取得国家赔偿的权利。该案中，申请人未经规划许可擅自翻建的房屋，不属于合法权益，九里区执法局强制拆除该房屋不应承担赔偿责任。且申请人在建房过程中，九里区执法局多次责令申请人停止建房，但申请人却仍然继续违法建房，该违法建房行为是造成申请人经济损失的重要原因，由此产生的损失亦应由申请人个人承担。原审法院据此判决驳回申请人的赔偿请求并无不当。本院复查期间，考虑到申请人的实际困难，本院经协调，有关部门同意给申请人适当经济补偿，但申请人向本院明确表示不同意此协调方案，故协调未果。综上，本院认为原审判决在认定事实和适用法律方面并无不当。申请人对该案的再审申请不符合法律规定的再审条件，根据《最高人民法院关于执行〈中华人民共和国行政诉讼法〉若干问题的解释》第七十四条的规定，申请人的再审申请应予以驳回。

刘某某、苏某某对江苏省高级人民法院的驳回再审通知不服，再次向最高人民法院申诉。

最高人民法院再次复查认为：刘某某、苏某某的申请不符合《行政诉讼法》第六十三条第二款的规定，决定不对该案提起再审。

【评析】

本案所涉建筑是否属于"严重影响城市规划",是法院必须查明的重要事实,这直接决定被诉单位强拆行政行为是否具有事实根据以及适用法律是否正确。但是,《城市规划法》并未对"严重影响城市规划"的具体判断标准作出规定,而"严重影响"又属于不确定性概念,实践中可能陷入"无法可依"的窘境,这也是原审法院未在法律文书中直接作出认定的主要原因。由于原审法院没有对此进行论理,最高法院在第一次申诉审查时,以此作为发回江苏高院复查的重要原因之一。江苏高院在第二次复查时经过现场勘查等工作,对此问题进行了深入审查,在认定符合"严重影响城市规划"后作出驳回再审通知,最高法院在第二次申诉审查时,肯定江苏高院的认定结论才决定不予提起再审。因此,本案的难点之一为对"严重影响城市规划"的认定。

一、对"严重影响城市规划"的界定

(一)界定标准

根据"有侵犯,就应有救济"的法律精神,违法建设虽然侵犯了合法权益,但只要能充分救济并恢复受损权益,无须一律将其完全予以否定。对建设者而言,建筑物通常都具有较大价值,甚至属于其生活的必需品,因而对建筑物的处理应持谨慎态度,并非所有影响城市规划的违法建设都应拆除,在可以采取补救措施的情形下,则可以通过补救的方式将建设予以保留。具体到本案,根据1998年《城市规划法》第三十二条①以及参照《建设部办公厅关于城市规划区内原有房屋的拆建翻建办理规划审批问题的复函》(建办规字第36号)"……在城市规划区内各项建设活动,不论新建、扩建、改建都必须取得城市规划行政主管部门核发的建设工程规划许可证后方可建设。房屋的拆建、翻建属于改建活动。因此,城市规划区内房屋的拆建、翻建,除不改变房屋外形和使用性质,只涉及内部结构加固、改造和内部装饰的修缮工程外,都应当办理规划审批手续"的规定,刘某某、苏某某的建设行为属于将原有房屋拆除后重新建设新房屋,应依法申请建设工程许可等批准,但其并未提出相关申请。根据《城市规划法》第四十条规定,未取得建设工程规划许可证件或者违反建设工程规划许可证件的规定进行建设,可分为两种情形处理:第一,严重影响城市规划,难以采取改正措施的,法律后果为限期拆除或没收,建筑物不再保留或不再属于建设者。第二,影响城市规划,

---

① 《城市规划法》第三十二条规定:"在城市规划区内新建、扩建和改建建筑物、构筑物、道路、管线和其他工程设施,必须持有关批准文件向城市规划行政主管部门提出申请,由城市规划行政主管部门根据城市规划提出的规划设计要求,核发建设工程规划许可证件。建设单位或者个人在取得建设工程规划许可证件和其他有关批准文件后,方可申请办理开工手续。"

尚可采取改正措施的，法律后果为限期改正，并处罚款，建筑物仍属于建设者。可见，是否达到影响城市规划的"严重"程度与能否采取改正措施紧密关联。通常而言，非因法定事由如公共利益等，依法制定的城市规划不会损害他人合法权益，由此可推出侵犯其他主体合法权益的建设，必然违反了城市规划。因此，未经城市规划许可的违法建设，侵害对象都可归于依法制定的城市规划，要消除违法建设的侵害，应先消除对城市规划的影响，能否采取改正措施的标准应为能否消除对城市规划的影响。

（二）改正措施的具体情形

采取改正措施的目的或结果应为建筑物的建设情况与规划许可相一致，具体可分为两种情形：一是改正建筑物。在获得建设工程规划许可的条件下，将建筑物不符合规划的部分进行改正，使之符合规划许可。二是改正规划。具体情形有：其一，已获得规划许可的，申请变更规划许可，使规划许可的内容与建设情况相符；其二，未获得规划许可的，按照建设情况补办规划许可。上述两种改正措施可以并行存在，违法建设者可以选择其中一种措施，也可以同时采取两种措施，从而使建设与规划许可相符，如对建筑物的某部分予以拆除或调整，对其余部分申请补办或变更规划许可等。

（三）审查及处理

规划行政部门作出责令改正决定之前，必须对改正措施是否具有可行性进行审查及判定，即改正之后能否依法取得工程规划许可，判定的依据为作出工程规划行政许可时有效的规范性法律文件，如《城市规划法》第三十二条规定的"有关批准文件"、《建设部关于统一实行建设用地规划许可证和建设工程规划许可证的通知》第二条规定的程序要求、《城乡规划法》第四十条规定的"使用土地的有关证明文件、建设工程设计方案等材料……符合控制性详细规划和规划条件"、第四十三条规定的"变更内容不符合控制性详细规划的，城乡规划主管部门不得批准"、《城市规划编制办法》中的相关规定等。

通常而言，基于保护行政相对人合法权益的角度，在责令改正的限期内，只要按照正常的法定程序具有获得规划许可的可能性，就应认定具有改正的可行性，如行政相对人暂时没有获得申请工程规划许可所需提交的批准文件，属于可预期且具有获得的必然性时，仍应列入可改正的范围之内，但必须在责令改正的限期内依法能获取，否则应将其排除在可改正的范围之外。如果依照相关法律规定，明确不具有改正可能性的，则可以直接予以认定。例如，《城市规划法》第三十五条规定"任何单位和个人不得占用道路、广场、绿地、高压供电走廊和压占地下管线进行建设"的内容属于禁止性规定，所进行的建设依法不能获得工程规划许可，对此《最高人民法院行政审判庭关于对〈中华人民共和国城市规划法〉第四十条如何适用的答复》（〔1995〕法行字第15号）明确规定："违反城市规划的行为人其违法行为是否属于'严重影响城市规则',应从其违反行为的性质和后果来确认。违反该法第三十五条规定的,属于'严重影响城市规划'的行为,但'严重影响城市规划'的行为不仅限于该规定,应根据个案的具体情况予以确认。"又如,建设者侵犯他人的土地使用权进行的违法建设,其不能提交合法的用地证明文件,则不符合工程规划许可的条件,因而均不属于可改正的范围。

在确认改正具有可行性的基础上,行政机关作出责令限期改正决定,如果行政相对人在限期内改正并使建设与规划完全相符,那么行政部门可依法认定并作出保留建筑物的处理决定。如果在限期内并未采取有效改正措施,对于仍不符合规划的部分,行政部门可以申请法院强制执行,即予以拆除或没收。因此,在确认改正措施具有可行性时,还要求行政相对人具有改正的主观意愿和实际行动,二者缺一不可。值得注意的是,由于改正措施中存在主动拆除部分的方式,严重影响城市规划的与可以限期改正的违法建设,在法律后果上可能存在衔接或交叉之处,如违法建设所需改正的幅度太大,主动拆除的部分达到限期拆除的面积时,二者的结果则相一致,在限期内无法补办规划的前提下,行政机关作出责令拆除的决定并无不当。

根据上述分析,由于本案所涉违法建设的面积相比原有房屋扩大数倍,已超出其使用权范围的土地,多次责令停止建设后仍继续违法建设,没有改正的主观意愿,符合责令限期拆除的判定条件。

二、"责令停止建设"的性质及其法律效力

本案属于多次责令停止建设,行政相对人仍坚持建设的情形,对此情形的正确处理需明确责令停止建设行为的性质,这决定其依法所应遵循的程序及效力。

(一)责令停止建设的性质

行政机关作出的责令停止建设决定符合具体行政行为的特征,其行为性质或类型为行政决定。主要理由有:其一,它不属于行政处罚行为,主要依据《国务院法制办公室关于"责令限期拆除"是否是行政处罚行为的答复》(国法秘函〔2000〕13号)"根据《行政处罚法》第二十三条关于'行政机关实施行政处罚时,应当责令改正或者限期改正违法行为'的规定,《城市规划法》第四十条规定的'责令限期拆除',不应当理解为行政处罚行为"的规定。其二,它不属于行政强制措施。由于采取强制措施的行政主体必须有强制执行权,而规划主管部门没有法律赋予的强制执行权。其三,强制执行行为必须以具有执行力的行政决定为前提,而责令停止建设本身属于行政决定,而非强制执行的前提依据。

关于"责令停止建设"的运用,《城乡规划法》对《城市规划法》中的相关内容作了调整。根据《城市规划法》第四十条规定,似乎仅有严重影响城市规划的情形才能责令停止建设,对尚能采取改正措施的情形,并未明确规定是否可以责令停止建设。但从立法目的来看,责令停止违法建设属于查

处违法建设的必要措施。对行政相对人而言，由于继续进行的建设不属于法律保护的范围，甚至存在已建成的违法部分对城市规划的影响仍属于可采取改正措施程度，但继续建设则可能使之达到严重影响的情形，依法应当予以改正或拆除，否则其损失将不断扩大。对行政管理部门而言，若不能将违法行为遏制在萌芽或初级阶段，随着违法建设面积的不断扩大，涉及行政相对人的利益不断增加，查处的难度也越来越大，不责令停止建设而允许违法建设继续进行，则无法取得最佳效果，与行政执法的目的相违背。因此，《城乡规划法》第六十四条规定①对此予以完善，即只要认定属于违法建设的，则由行政主管部门先责令停止建设，再根据违法程度采取不同的处理措施。需要说明的是，对于已经全部建成的违法建设，由于没有停止建设的对象，直接依据相关判断标准来确定行政处理的方式即可。

（二）责令停止建设后继续建设的处理

关于多次责令停止建设后仍坚持违法建设情形的处理，《城乡规划法》的第六十八条②可作为有效依据，即行政执法部门可以采取强制措施，以避免损失的扩大。根据上述规定，采取强制措施的主体并非为规划主管部门，是否可以直接采取强制拆除，也因规定不明确而存在认识分歧。笔者认为，根据行政行为的执行力以及立法目的，行政主管部门不宜直接强制拆除：一是查封施工现场可以达到制止违法建设之目的，无须采取强制拆除方式。二是强制拆除对行政相对人的合法权益有重大影响，其行为性质属于强制执行，依法应遵守严格的法定程序，不能径自决定并予以实施。三是责令停止建设的性质不属于行政处罚，也非行政强制，其不具有作为强制拆除前提的法律效力。在限期拆除决定尚未经过行政复议、行政诉讼法定期限即具有执行力之前，行政主管部门不能直接采取强制执行措施。具体到本案，由于所适用的《城市规划法》未进行明确规定，对于责令停止建设之后继续建设的情形，不能直接采取强制措施，既不能查封施工现场，更不能直接拆除。但是，这并不影响对违法建设的最终查处。根据前述采取改正措施的条件即改正措施具有可行性且行政相对人具有改正的主观意愿，已责令停止建设仍继续建设的行为，表明行政相对人并无采取改正措施的意愿，因而可直接依据"严重影响城市规划"的情形作出处理，对于已经属于限期拆除的对象，继续进行的

---

① 《城乡规划法》第六十四条规定："未取得建设工程规划许可证或者未按照建设工程规划许可证的规定进行建设的，由县级以上地方人民政府城乡规划主管部门责令停止建设；尚可采取改正措施消除对规划实施的影响的，限期改正，处建设工程造价百分之五以上百分之十以下的罚款；无法采取改正措施消除影响的，限期拆除，不能拆除的，没收实物或者违法收入，可以并处建设工程造价百分之十以下的罚款。"

② 《城乡规划法》第六十八条规定：城乡规划主管部门作出责令停止建设或者限期拆除的决定后，当事人不停止建设或者逾期不拆除的，建设工程所在地县级以上地方人民政府可以责成有关部门采取查封施工现场、强制拆除等措施。"

违法建设一并予以拆除。因此，行政相对人的继续建设行为并不影响行政处理，反而给行政相对人带来更多的损失。

三、违法建设被违法行政强拆后的行政赔偿

本案从一审至申诉阶段，关于被诉单位行政行为的合法性瑕疵方面并无太大争议，主要的分歧在于如何认定违法建设的面积及行政赔偿，问题根源在于本案的违法建设属于拆除原有合法建设之后重新建设而成的情形。

一种意见认为，原有合法房屋建筑已经被行政相对人自行拆除，合法物权已经消灭，新建设的房屋应当重新申请工程规划等行政许可，没有办理规划许可的所有建筑，都属于违法建设而应予以拆除，行政相对人没有合法权益值得保护。另一种意见认为，尽管重新翻建需要办理新的规划许可，但是原有的规划许可表明在原有许可范围内的建设仍具有合法性，对这部分建筑可以申请补办相应的规划许可手续，属于可采取改正措施的范围之内，不应当列入强制拆除的范围。

上述两种意见均有其合理之处：其一，原有规划许可对应的是原有房屋，在标的物权已经消灭的情形下，其效力也相应丧失。而且，重新建设与原有许可建设的情形也不尽相同，不能简单地视为继续有效而作为新建房屋的规划许可。其二，从最大程度保护行政相对人合法权益的角度出发，宜认定在原有规划许可的范围内具有改正的可能性。可见，尽管两种意见存在分歧，但并不影响本案的正确处理。由于本案被诉行政机关强制拆除的范围并不包括原有许可范围之内的建筑，而且多次责令停止建设后仍继续违法建设，没有主动采取改正措施的主观意愿，因而作出强制拆除的决定并无不当。但是，行政部门在行政相对人申诉限期内就进行强制拆除，不符合相关法律规定。虽然从拆除的形式上来看，强制拆除与自行拆除并无区别，均为将违法建设予以拆除，但就理论而言，二者之间的结果仍有差别，相对人自行拆除可以采取损失最小的方式，强制拆除的结果可能超过该损失，对其超过部分应当予以赔偿。具体到本案，由于行政部门在申诉阶段明确表明愿意给予相应赔偿，弥补其行政行为存在的瑕疵，以及救济受损的合法权益，最高法院在此基础上才决定不予立案再审。

四、一并提起行政赔偿诉讼的立案与审理

附带提起行政赔偿诉讼的立案与审理，属于行政审判领域的旧话题，本不应存在相应争议，但综观各地的行政诉讼司法实践，仍然存在大量与明确法律规定不相符的行为，且呈现较为明显的司法地域性特征。本案即是如此，将行政行为与行政赔偿的诉讼立为一案进行审理，尽管不影响最终的正确结论，但不宜作为类似案件的参考。

根据《最高人民法院关于审理行政赔偿案件若干问题的规定》第四条第一款，"公民、法人或者其他组织在提起行政诉讼的同时一并提出行政赔偿请求的，人民法院应一并受理"，第二十八条"当事人在提起行政诉讼的同时一

并提出行政赔偿请求,或者因具体行政行为和与行使行政职权有关的其他行为侵权造成损害一并提出行政赔偿请求的,人民法院应当分别立案,根据具体情况可以合并审理,也可以单独审理。"等规定,对与本案类似的行政诉讼及赔偿案件应一并受理,但应当分别立案,审理时可以合并也可以单独进行。从司法规律来看,对此类案件立为一案进行审理,可能存在多种隐患:其一,可能存在被告不一致的情形。行政行为与赔偿结果可能不属于同一行政主体,如规划部门作出行政决定,城管部门予以强制拆除的情形,如果立为一案进行审理,将造成审理的困难。其二,行政赔偿案件与行政行为案件的举证规则和要求并不完全一致,容易造成证明目的的混乱,增加审理难度。其三,相比而言,当事人对行政赔偿案件上诉或申诉的比例较大,立一案容易造成将行为案件一并提请审查的结果,增加诉累。其四,行政赔偿案件与行政行为案件的裁判方式不一致。赔偿案件可以进行调解,但行为案件不能调解。如果分别立案,不仅不会增加诉累,还会使法律关系更容易理顺,有利于案结事了,避免与现行法律规定相冲突,更充分地保障当事人合法权益。

(作者单位:最高人民法院)

机动车驾驶人培训市场发展规划不能作为行政许可的依据

——金为发诉盱眙县运输管理所交通行政许可案

王伏刚

【裁判要旨】

我国对机动车驾驶员培训实行行政许可制度。行政许可条件依法由法律、行政法规、地方性法规或者省级政府规章设定。机动车驾驶人培训市场发展规划作为道路运输领域的专项发展规划，属技术性规范而非法律性规范，不能作为行政许可的依据。据此，依据该规划的内容，以"驾校市场饱和、规划期内不宜增加新驾校"为由不予交通行政许可，不符合规定。当事人起诉请求撤销不予许可的，人民法院应予准许。

【案例索引】

江苏省淮安市盱眙县人民法院（2014）盱行初字第 4 号

【案情】

原告：金为发。

被告：盱眙县运输管理所。

江苏省盱眙县人民法院经审查明：2013 年 11 月 21 日，原告向被告递交申请书，申请开办一所二级驾驶员培训驾校。当日，被告开具清单收到申请书，同月 25 日，被告受理原告申请；2013 年 12 月 5 日，被告根据《江苏省机动车驾驶人培训管理办法》和《淮安市机动车驾驶人培训市场发展规划（2013—2020）》的规定，以淮安市（含盱眙县）驾培市场已处于供大于求的状态，在规划期内不宜再增加驾校数量，为保护学员、经营人和拟投资机动车驾驶人培训的投资人利益免受损失，促进驾培行业健康、有序、可持续发展，在 2013 年至 2020 年规划期内将不再增加新驾校为由，作出盱交驾许〔2013〕1 号不予交通行政许可决定书。原告不服，向江苏省盱眙县人民法院提起行政诉讼。

另查明：2012 年 12 月 11 日，江苏省交通运输厅发苏交运〔2012〕94 号文关于印发《江苏省机动车驾驶人培训市场发展规划编制指南》的通知，要求各市参照执行,目的是为更好地贯彻《江苏省机动车驾驶人培训管理办法》,加强省机动车驾驶人培训行业管理,指导各市做好《机动车驾驶人培训市场发展规划》的编制工作。2013年11月11日,淮安市交通运输局发布《淮安市机动车驾驶人培训市场发展规划》的通知,希各县区交通运输局遵照执行。《淮安市机动车驾驶人培训市场发展规划(2013—2020)》5.6.2规划方案中明确规定:"根据淮安市各区县的小型汽车培训能力及教学车辆规划,结合淮安市驾培市场发展现状,目前淮安市驾培市场已处于供大于求的状态,在规划期内不宜再增加驾校数量及教学车辆。"

【裁判】

江苏省盱眙县人民法院认为:《道路运输条例》第七条第三款规定,县级以上道路运输管理机构负责具体实施道路运输管理工作。第四十条规定,申请从事道路运输站(场)经营、机动车维修经营和机动车驾驶员培训业务的,应当向所在地县级道路运输管理机构提出申请,并分别附送符合本条例第三十七条、第三十八条、第三十九条规定条件的相关材料。县级道路运输管理机构应当自受理申请之日起15日内审查完毕,作出许可或者不予许可的决定,并书面通知申请人。据此,被告具有作出盱交驾许〔2013〕1号不予交通行政许可决定书的法定职权。

根据《行政许可法》第四条、第五条、第十六条的规定,设定和实施行政许可,应当依照法定的权限、范围、条件和程序,遵循公开、公平、公正的原则;符合法定条件、标准的,申请人有依法取得行政许可的平等权利,行政机关不得歧视;法规、规章对实施上位法设定的行政许可作出的具体规定,不得增设行政许可;对行政许可条件作出的具体规定,不得增设违反上位法的其他条件。《道路运输条例》第三十九条已对申请从事机动车驾驶员培训应当具备的条件作出了明确的规定:(一)有健全的培训机构和管理制度;(二)有与培训业务相适应的教学人员、管理人员;(三)有必要的教学车辆和其他教学设施、设备、场地。交通部《机动车驾驶员培训管理规定》第十条规定的申请从事普通机动车驾驶员培训业务应当符合的条件,也只是对上述条例内容的具体细化而没有增设条件。《行政许可法》明确规定,法规、规章对实施上位法设定的行政许可作出的具体规定,不得增设行政许可;对行政许可条件作出的具体规定,不得增设违反上位法的其他条件。而《淮安市机动车驾驶人培训市场发展规划》只是道路运输领域的专项发展规划,属技术性规范而非法律性规范,把《淮安市机动车驾驶人培训市场发展规划》作为审查是否准予行政许可的法律规范依据,属于增设行政许可的条件,不符合上位法的规定。

被告仅以"驾驶市场已处于供大于求的状态,在规划期内不宜再增加驾校数量……在2013年至2020年规划期内,将不再增加新驾校"为由决定不予行政许可,不符合《行政许可法》等法律规范的规定。

《行政许可法》第五条规定,实施行政许可,应当遵循公开、公平、公正的原则。《道路交通安全法》第二十条规定，机动车的驾驶培训实行社会化，由交通主管部门对驾驶培训学校、驾驶培训班实行资格管理。《道路运输条例》第三条、第四条、第六条规定，从事道路运输经营以及道路运输相关业务，应当依法经营、诚实信用、公平竞争；道路运输管理，应当公平、公正、公开和便民；任何单位和个人不得封锁或者垄断道路运输市场。《江苏省道路运输条例》第六条亦规定，道路运输管理遵循公开、公正、高效、便民的原则，保护正当竞争，制止非法经营。从事道路运输以及相关业务经营活动，应当依法经营、诚实信用、公平竞争。任何单位和个人不得封锁或者垄断道路运输市场。《机动车驾驶员培训管理规定》第三条也规定了相同的内容。因此，被诉行政行为不符合《行政许可法》等法律规范规定的公平、正当竞争等原则，也不符合《道路交通安全法》等法律规范规定的机动车驾驶培训实行社会化、交通主管部门实行资格管理等规定。

江苏省盱眙县人民法院依据《行政诉讼法》第五十四条第（二）项第二目的规定，判决：撤销被告盱眙县运输管理所作出的盱交驾许［2013］1号不予交通行政许可决定书，在法定期限内重新作出具体行政行为。

一审判决作出后，双方当事人在法定期限内均未提出上诉，一审判决已经发生法律效力。

【评析】

本案的争议焦点是，《淮安市机动车驾驶人培训市场发展规划》能否作为行政许可的依据。

一、机动车驾驶员培训业务实行行政许可制度

从事机动车驾驶员业务培训，直接关系着公共安全，涉及人民群众的人身健康、生命财产安全，基于此，相对人从事该培训业务实行市场准入，需要具备一定的条件。从对行政许可的性质进行分类，该行政许可属于普通许可，符合法定条件的相对人均可从事该培训业务，一般没有数量限制。亦即，相对人要设立从事驾驶员业务培训的驾校，符合法律规定的条件，行政机关即应作出准许从事普通机动车驾驶员培训的交通行政许可决定。行政许可机关不应以该地区已有一定数量的驾校从事该培训业务为由拒绝相对人的申请。

二、机动车驾驶员业务培训行政许可设定条件

根据《行政许可法》的规定，行政许可设定和实施遵循法定原则，符合规定的条件标准的，申请人有依法取得行政许可的平等权利。上位法对行政许可条件作出规定的，法规、规章可在上位法设定的许可条件范围内作出具体规定，但不得增设行政许可，也不得增设违反上位法的其他条件。

国务院行政法规《道路运输条例》第三十九条对从事机动车驾驶员培训应当具备的条件进行了明确规定：（一）有健全的培训机构和管理制度；（二）有与培训业务相适应的教学人员、管理人员；（三）有必要的教学车辆

和其他教学设施、设备、场地。交通部《机动车驾驶员培训管理规定》、地方规章《江苏省机动车驾驶员培训管理办法》在行政法规规定的行政许可事项范围内，对上述条例的内容作了具体细化，均没有增设条件。故该类规定符合上位法的规定，不违背行政许可法的精神，该类规章在司法审查中可参照适用。

三、机动车驾驶人培训市场发展规划不能作为行政许可的依据

因行政法规已经对许可条件也进行了规定，规章对许可的条件进行了细化。根据《行政许可法》的规定，规章以下的规范性文件不得设定行政许可，也不得增设行政许可条件。《淮安市机动车驾驶人培训市场发展规划》作为道路交通运输领域的专项发展规划，应属于规范性文件范畴，其关于规划期内不宜增加驾校数量的表述属于一种行政指导，本身无法律拘束力，该规划不能也不应作为行政许可的依据。

本案被告县运管所在许可中按《江苏省机动车驾驶人培训管理办法》和《淮安市机动车驾驶人培训市场发展规划（2013—2020）》的规定，以"驾培市场供大于求，不宜增设驾校"为由不予许可，属于许可过程中变相增加条件。此外，机动车的驾驶培训实行社会化，"以市场饱和，不增加新驾校为由"不予许可，某种程度上也限制了竞争，变相保护已设立驾校的既得利益，不符合驾培市场无形之手的调节。

综上，行政机关依据《淮安市机动车驾驶人培训市场发展规划（2013—2020）》的规定作出的不予行政许可决定，属于法律适用错误，不符合《行政许可法》和《道路运输条例》等法律规范的规定，当事人诉请判决撤销的，人民法院应予准许。

（作者单位：江苏省淮安市中级人民法院）

房屋权属登记机关拒绝房屋继承人"以人查房"构成不履行法定职责

洪 彦

【裁判要旨】

房屋继承人以被继承人的姓名为索引申请查询被继承人名下登记的房产信息,不符合现行规定,但为保障房屋继承人继承权的实现,房屋权属登记机关应当直接根据《物权法》《继承法》等法律,履行房屋登记信息的查询职责。房屋权属登记机关予以拒绝的,构成不履行法定职责。

【案例索引】

一审:江苏省南京市鼓楼区人民法院(2015)鼓行初字第 70 号

二审:江苏省南京市中级人民法院(2015)宁行终字第 403 号

【案情】

原告(被上诉人):陈森豪。

被告(上诉人):南京市住房保障和房产局(以下简称南京市房产局)。

原告陈森豪系陈林的儿子,原告父母陈林与浦絮飞于 2006 年 7 月离婚,陈林离婚后未再婚。陈林于 2014 年 5 月 29 日死亡,陈林的父母分别于 1982 年和 1997 年死亡。为继承陈林名下遗产,原告向南京市房产局的房产档案部门申请查询陈林名下的房屋登记信息。原告向被告提交了(2015)宁秦证民内字第 1632 号继承公证书、死亡证明书、常住人口登记卡、婚姻登记记录证明、医学出生证明等材料。被告认为,申请查询房屋登记资料,应当按照规定的权限和程序办理。原告仅以陈林的姓名作为查询房产信息的检索条件,不符合法律规定,故对原告的申请予以拒绝。诉讼中,被告当庭自认,如果以权利人的姓名作为检索条件,在被告处可以查询到该权利人名下位于南京市老城区范围内的房屋信息。原告不服,向南京市鼓楼区人民法院提起行政诉讼,请求判令被告提供陈林名下房产登记信息。

被告南京市房产局辩称:房屋作为所有权人的私有财产,其登记信息往往涉及所有权人的个人隐私或商业秘密等。为保障房屋交易安全,维护房屋交易秩序及房屋权利人的合法权益,《物权法》《房屋登记办法》及《房屋权属登记信息查询暂行办法》(以下简称《暂行办法》)对房屋权属登记信息的查询主体、查询程序等有明确的规定。在房屋登记信息的查询过程中，查询机关及查询申请人都应遵照相应的程序规定，由申请人填写申请表，对申请查询房屋的坐落或权属证书编号进行明确，查询机构再将查询结果或证明出具给申请人。另外，根据《城市房地产权属档案管理办法》第十四条、第十五条的规定，房地产权属档案应当以丘（地表上一块有界空间的地块）为单元建档，在具体的丘下再以不同的权利人为单元建立卷宗，这也决定了房屋档案信息的检索与查询应当以明确房屋具体坐落为前提条件。《暂行办法》第十五条规定，查询机构及其工作人员应当对房屋权属登记信息的内容保密，不得擅自扩大登记信息查询范围。中华人民共和国住房和城乡建设部于2012年发布的《房地产登记技术规程》（以下简称《技术规程》）第6.1.4条也规定，登记资料不得仅以权利人姓名或名称为条件进行查询。这些规定表明，房屋信息查询机构应严格遵照现有的法定程序进行信息查询，不得擅自扩大查询范围或更改查询方式。原告诉请的以权利人陈林为条件申请房屋权属信息的查询与法律规定的程序不符，被告不能提供陈林名下的房产登记档案，请求驳回原告的诉讼请求。

【裁判】

南京市鼓楼区人民法院一审认为：原告陈森豪系死者陈林的儿子，也系陈林遗产第一顺序法定继承人。陈林所有的房产属于陈林的遗产，故陈林名下的房屋登记结果与原告的继承权利具有直接的利害关系，原告享有查询陈林名下房屋登记信息的主体资格。《房屋登记办法》第二十八条规定，查询房屋登记材料，应当按照规定的权限和程序办理，原告应当按照暂行办法及《技术规程》规定的程序申请查询。《暂行办法》第十一条规定："查询房屋权属登记信息，应填写《房屋权属登记信息查询申请表》，明确房屋坐落（室号、部位）或权属证书编号，以及需要查询的事项，并出具查询人的身份证明或单位法人资格证明……（二）继承人、受赠人和受遗赠人应当提交发生继承、赠与和受遗赠事实的证明材料……"《技术规程》第6.2.2条第（4）项规定，房屋继承人（受遗赠人）提供身份证明、继承（受遗赠）证明，可查询、复制与继承、遗赠相关的登记材料。原告申请查询时，向被告提交的材料符合上述规定。房屋登记信息查询检索条件的设置应当方便房屋登记信息的查询，条件设置不应限制申请人获取信息的权利。原告基于继承的目的申请查询陈林名下的房屋登记信息，客观上无法提供房屋的坐落、权属编号等检索条件，而原告本身享有查询上述信息的权利。根据被告自认，以姓名查询房屋登记信息不存在技术上的障碍，因此，原告要求查询陈林名下房屋登记信息的请求符合法律规定。综上，南京市鼓楼区人民法院判决：责令被告南京市房产局于判决生效之日起五日内依原告申请，履行查询陈林名下房屋登记信息的法定职责。

南京市房产局不服一审判决，上诉称：法定的检索方式是以房屋坐落为查询条件，南京市房产局未否认陈森豪具有查询房屋登记信息的主体资格，不准予陈森豪以权利人姓名为条件进行查询，是现有法律法规及规范性文件的要求，房屋登记机构应严格按照法定的查询程序及方式进行查询，不得擅自扩大或更改。一审法院的判决是要求登记机构在操作层面去纠正立法层面的不足，无法律依据。陈森豪的申请不符合《暂行办法》第十二条的规定，以权利人姓名为条件进行房屋信息查询，该检索方式并非法定的信息查询方式，以这种方式进行查询并非房屋登记机构的法定职责或义务，请求撤销原审判决。

南京市中级人民法院二审认为：一、陈森豪以其父亲的姓名为检索方式申请查询其父亲名下的房产登记信息不符合相关规定。《暂行办法》第三条规定，本办法所称房屋权属登记信息，包括原始登记凭证和房屋权属登记机关对房屋权利的记载信息；第十一条规定，查询房屋权属登记信息，应填写《房屋权属登记信息查询申请表》，明确房屋坐落（室号、部位）或权属证书编号，以及需要查询的事项，并出具查询人的身份证明或单位法人资格证明。查询房屋原始登记凭证的，除提交前款规定的材料外，还应当分别按照下列规定提交有关证明文件：（一）房屋权利人应提交其权利凭证；（二）继承人、受赠人和受遗赠人应当提交发生继承、赠与和受遗赠事实的证明材料……一审法院认为被上诉人申请查询陈林名下的房产信息时，向上诉人提交了公证书、死亡证明书、常住人口登记卡、婚姻登记记录证明、医学出生证明等材料，符合上述规定。对此，二审法院认为，《暂行办法》第十一条第（二）项的适用前提是查询房屋的原始登记凭证，并非被上诉人申请查询的陈林名下房屋的记载信息，且一审法院对该条款的引用不完整，忽略了该条款适用的前置条件，即申请查询人应先明确该条第（一）项规定的房屋坐落或权属证书编号等材料，因此，一审法院对该规范性文件相关条款的理解存在偏差，陈森豪提交的材料不符合《暂行办法》的相关规定。二、南京市房产局具有依陈森豪的申请，查询陈林名下房屋登记信息的职责。《物权法》第十八条规定，权利人、利害关系人可以申请查询、复制登记资料，登记机构应当提供。本案中，陈森豪提交的公证书、死亡证明书、常住人口登记卡、婚姻登记记录证明、医学出生证明等材料能够证明陈森豪是陈林遗产的第一顺序法定继承人，其与陈林名下的房产具有利害关系，依法具有查询陈林名下房产信息的权利。南京市房产局对陈森豪具有查询陈林名下房产信息的查询主体资格亦不持异议。陈森豪申请查询陈林名下的房产信息时无法提供房屋的坐落或权属证书编号，即在技术操作层面上无法达到《暂行办法》及《技术规程》中所规定的查询条件，但陈森豪对陈林的合法财产享有继承权，该权利来源于《继承法》《物权法》等法律规定，该权利应当受到尊重和保护。陈森豪在其父母离异后与其母亲生活，其对陈林包括房产在内的财产情况不知悉符合客观情况，陈林去世后，陈森豪作为第一顺序法定继承人，知悉陈林名下的房产信息是实现其继承权的前提，因此，查询陈林名下房产信息是其继承权的权利延伸，《物权法》第十八条的规定即体现了该项权利。《暂行办法》及《技术规程》作为规范性文件，对房屋登记信息应如何查询作了技术上的规定,也是房屋登记机关履行相关职责的依据,但其内容存在着与《物权法》《继承法》的立法精神不尽吻合之处,在本案中,若机械地适用上述规范性文件,会给陈森豪实现其法定权利设置障碍。因此,南京市房产局以陈森豪仅提供陈林的姓名作为查询房产信息的检索条件不符合法律规定为由,予以拒绝,虽然符合《暂行办法》及《技术规程》的规定,但却与《继承法》和《物权法》的立法宗旨相违背。南京市房产局自认,以姓名查询房屋登记信息不存在技术上的障碍,故一审法院判决责令南京市房产局依陈森豪的申请,履行查询陈林名下房屋登记信息的职责并无不当。

据此,二审法院判决驳回上诉,维持原判决。

【评析】

本案的争议焦点是原告仅提供其父亲的姓名(包括身份证号码),要求查询登记在其父亲名下的房屋信息,即"以人查房",被告拒绝原告的申请是否合法,是否构成不履行法定职责。

第一种意见认为,被告拒绝原告"以人查房"符合现行规定,故不存在不履行法定职责。《暂行办法》第十一条规定,查询房屋权属登记信息,应填写《房屋权属登记信息查询申请表》,明确房屋坐落(室号、部位)或权属证书编号,《技术规程》中也明确规定登记资料不得仅以权利人姓名为条件进行查询。因此,目前房屋权属登记信息的法定检索方式严格限定为提供房屋的坐落或权属证书编号。原告要求以姓名作为检索方式查询房屋权属登记信息,不符合上述规定。被告严格按照上述规定审查后拒绝原告的申请,不违反法律规定,应当驳回原告的诉讼请求。

第二种意见认为,被告拒绝原告"以人查房"虽然符合《暂行办法》及《技术规程》的规定,但与《继承法》和《物权法》的立法宗旨相违背,构成不履行法定职责。从保护原告的合法权益出发,应当直接判决被告依原告的申请履行查询原告父亲名下房屋登记信息的职责。

笔者同意第二种意见。理由如下:

一、原告的情况应如何处理,现行法律规定中没有相关规定

《房屋登记办法》第二十八条第二款规定,申请查询、复制房屋登记资料的,应当按照规定的权限和程序办理。关于城市房屋权属登记信息的查询,目前适用的是《暂行办法》以及《技术规程》。该二份规范性文件明确规定,查询房屋权属登记信息的检索方式仅为提供房屋的坐落或权属证书编号,不得仅以姓名查询房屋登记信息。《暂行办法》第十一条实际上是确定了"以房查人"的查询方法。"这是考虑到实践中如果采用以人名查询房屋权属的方式,可能会破坏权利人居住隐秘性,泄露其个人财产状况,登记信息容易被恶意利用,从而引致社会矛盾。而采用'以房查人'的方法,则申请查询人必须准确填写房屋坐落或权属证书编号,这样就将申请人限制为不动产利害

关系人,减少了不合理查询,确保实现不动产登记公示的目的。"① 可见,《暂行办法》制定的目的是通过限定查询方式,以避免查询人滥用查询权利,保护被查询人的合法权益,但是,在查询人有正当行使权利却又不符合规定的查询方式时该如何处理,《暂行办法》中没有相关规定,其他法律法规或规范性文件中也没有相关规定。

二、被告拒绝查询违背了上位法的立法精神

原告提供的证据能够证明其是陈林遗产的第一顺序法定继承人,依法具有继承陈林遗产的权利,而知晓遗产是实现继承权的前提。关于不动产登记资料的查询,《物权法》第十八条规定,权利人、利害关系人可以申请查询、复制登记资料,登记机构应当提供。《房屋登记办法》第二十八条第二款规定,申请查询、复制房屋登记资料的,应当按照规定的权限和程序办理。《暂行办法》和《技术规程》是目前房屋登记机关履行房产登记信息查询职责的程序性依据。不难看出,法律赋予了权利人查询不动产登记信息的权利,但权利人如何行使或实现查询的权利,部门规章中仅有原则性规定。相关行政主管部门制定的操作性规范文件对查询的程序作了详细规定,其中相关条款给权利人限定了查询的检索条件。行政管理的目的之一是要通过建立良好、健康的社会秩序,以最大限度地保障社会成员的合法权利,相关规章制度的制定也是顺应这个宗旨,不应与法律相违背。《暂行规定》与《技术规程》中对查询检索条件的限定与该两项规范性文件出台的背景不无关系,是否违法尚须研究,但它目前客观上已成为原告实现合法权利的障碍。原告的法定继承权应当受到保护,房屋登记机关履行登记信息查询职责的宗旨也是要保护权利人的合法权利。因此,原告出于继承的目的向被告申请查询被继承人名下房产登记信息,如果被告仍以不符合规范性文件的要求而予以拒绝,则不符合《物权法》第十八条的规定,构成不履行法定职责。

三、通过行政判决推动法律发展

"现代社会是一种以法为手段来组织和改革社会的新趋势,法已不再被看作单纯的解决纠纷的手段,而逐渐被公民们甚至法学家们视为可以用以创造新型社会的工具。司法审判活动本身就是法的实现过程。"② 行政诉讼制度的作用之一是"通过行政诉讼,使政府(发号施令的行政领导)增加他们应该发布什么命令、如何发布命令的知识、智慧;使公民(服从命令的人)从服从上找到技巧和形式,知道如何服从,为何服从,也就是行政官的履职愉快和公民的快乐"。③ 我国行政权力的强大是不争的事实,行政侵权不可避免的

---

① 冯骏、徐云勇:"不动产登记信息公开是现代民法的必然要求——对《房屋权属登记信息查询暂行办法》的简要说明",载《房地产行政管理》2007 年第 2 期。
② 参见褚红军:"司法判决功能论",载《江苏法学研究》2013 年第 3 辑。
③ 刘善春:《行政诉讼价值论》,法律出版社 1998 年版,第 65 页。

大量存在，公民权利得不到保护的现象普遍存在，这需要法官在行政诉讼中充分发挥司法审判功能，这样行政相对人的合法权利才有望得到救济。原告的情况应如何处理，现行法律法规和规范性文件中均没有规定。向房屋登记机关发出司法建议，建议行政主管部门对出现类似原告的问题予以考虑和规范可以从立法上解决问题，但过程漫长，不能及时保护原告的继承权，更会影响原告对继承财产后续权利的行使，而判决责令被告履行查询职责则明确告知了被告保护原告合法权利的方式，更与《行政诉讼法》的立法宗旨——解决争议相契合。

（作者单位：南京铁路运输法院）

"曲奇"是饼干还是糕点：对食品属性的司法认定与市场监管

——孙某诉普陀区质量技术监督局质量技术监督管理案

田 华 周 嫣

【提要】糕点和饼干根据我国法律规定实行生产许可证制度，对糕点的生产与饼干的生产许可有关部门分别规定了不同的生产许可证审查标准，未经许可禁止生产。但由于糕点与饼干在原辅料成分、工艺流程等方面有重合，而相关规定未对食品真实属性的认定标准予以明确规定。明确食品的真实属性涉及生产许可的合法性问题。

当食品外包装上标识的内容与价格牌上标识的内容发生冲突时，以何为准？消费者买了"货不对板"的食品后应当向何监管部门投诉？我国《食品安全法》确立了多部门、分环节的食品安全监管体制，但对食品真实属性的认定标准未予以明确。并且，同一生产经营者在同一场所兼有多环节的生产经营活动将会导致质量监督机关、工商行政管理机关、食品药品监督管理机关、物价管理机关等监管部门在行使职权时产生职权交叉、管辖不清，从而导致市场监管失灵，故亟须建立"综合执法"模式来有效应对"多头管理"下的"监管失灵"。下面，笔者将结合一起典型案例来探讨食品属性的认定及市场监管问题。

一、据以研究的案例

孙某在商场购买了某食品有限公司分公司（以下简称"食品公司"）生产的"曲奇派对""曲奇有礼"两款产品，产品价格牌显示两款产品由奶油饼干、咖啡饼干、巧克力饼干组成。而"食品公司"仅具有糕点生产许可证。于是，孙某以"食品公司"涉嫌无证生产饼干为由，分别向区质量技术监督局、国家质量监督检验检疫总局食品生产监管司等多部门举报，要求对"食品公司"进行行政处罚，责令其召回产品、刊登声明等。区质量技术监督局（以下简称区质监局）组织核查后答复："食品公司"生产的"曲奇派对"（烘烤其他类糕点 热加工）、"曲奇有礼"（烘烤其他类糕点 热加工）两种产品的配方、工艺流程和生产设备符合糕点审查细则规定，属于糕点产品，且该公司持有有效的糕点食品生产许可证，产品检验结果符合要求，决定不予立案处理。孙某不服，遂提起诉讼，请求撤销区质监局作出的不予立案处理决定。一、二审法院均判决支持区质监局不予立案的处理决定。

二、相关法律问题研究

引用案例的争议焦点在于涉案产品属于糕点还是饼干，对产品属性的认定应以价格牌为准还是产品标签标识为准。一种观点认为，对食品的真实属性应以价格牌上的标注内容为准。"食品公司"生产的"曲奇派对""曲奇有礼"两款产品，价格牌上标签显示产品包装内是由奶油饼干、咖啡饼干、巧克力饼干组成，但该两款产品却使用糕点生产许可证进行生产。根据国家实施的食品生产许可证管理制度规定，饼干生产应具备饼干生产许可证，曲奇类产品被明确划分在《饼干生产许可证审查细则》中。"食品公司"未获得饼干生产许可证，属于无证生产。另一种观点认为，对食品的真实属性应当结合产品的配方、工艺、流程、设备等因素进行认定。涉案产品符合《关于印发糕点等7类食品生产许可证审查细则的通知》中的《糕点生产许可证审查细则》，并符合《糕点通则》等方面的规定。"食品公司"具有糕点生产许可证，两款涉案产品的生产在许可范围内。笔者赞同第二种观点。

（一）涉案产品是饼干还是糕点：对食品真实属性的认定

本案中，原告孙某主张应当根据产品价格牌标注的产品名称来认定该产品的真实属性，而被告区质监局、第三人"食品公司"认为以产品的食品标识标注为准。笔者认为，根据许可法定原则，食品的真实属性应当按食品标识标注，根据相关生产许可证审查细则的规定，结合产品的配方、工艺、流程、设备等因素进行认定。

1. 我国对饼干和糕点的生产许可作了区别规定

我国《食品安全法》第二十九条规定，"国家对食品生产经营实行许可制度"。根据国家质检总局颁布施行的《食品生产加工企业质量安全监督管理实施细则（试行）》第二十二条规定：国家质检总局根据各类食品的不同特性和相关标准，制定并发布食品生产许可证审查通则和各类食品生产许可证审查细则，对食品生产许可证的具体要求作出规定。我国对饼干和糕点分别实行生产许可证制度，未经许可禁止生产。对该两种产品属性的认定应当以相关的审查细则为准。国家质检总局先后于2003年、2006年下发了《饼干生产许可证审查细则》和《糕点生产许可证审查细则》，分别对饼干和糕点产品生产许可证的取得作了不同的规定。根据审查细则，饼干的产品范围包括酥性饼干、曲奇饼干、夹心饼干、威化饼干等；糕点的产品范围包括烘烤类糕点、油炸类糕点、蒸煮类糕点、熟粉类糕点、月饼等。两者在原辅料成分、工艺流程等方面有重合，但糕点在生产流程、质检项目等方面较饼干复杂和严格（两者主要生产区别见附表）。可见，根据以上规定，饼干和糕点在我国属于两种不同种类的食品，这两类产品的生产者必须具备相应的生产许可资质。本案中，涉案产品的价格牌上标注产品为"曲奇"，由"奶油饼干、咖啡饼干、巧克力饼干组成"。而产品包装上的标签标识该产品属于烘烤类糕点。因此，判断"食品公司"是否为无证生产必须以涉案产品的真实属性是饼干还是糕点为依据。

2. 对食品真实属性的认定应以食品标识标注的内容为准

1995年由国家（质量）技术监督局发布的《食品标签通用标准》规定，食品标签①必须标注食品名称，食品名称必须采用表明食品真实属性的专用名称。2007年由国家质检总局修订发布的《食品标识管理规定》第五条、第六条亦规定：食品标识②的内容应当真实准确，食品标识应当标注食品名称，食品名称应当表明食品的真实属性。可见，在认定食品的真实属性时，应当以产品标签标识上标注的内容为准。本案中，对涉案产品"曲奇派对"和"曲奇有礼"真实属性的判断，应根据产品的标签标识，结合《饼干生产许可证审查细则》和《糕点生产许可证审查细则》的规定，从产品的配方、工艺、流程、设备等因素进行认定。两款涉案产品的外包装上食品标识为"烘烤其他类糕点 热加工"，明确标识产品属性为糕点。且"食品公司"生产工艺流程图及产品配方、使用的主要生产设备设施，均符合糕点的生产许可，其提供的产品检验报告等证据亦说明涉案的"曲奇派对"和"曲奇有礼"两款产品符合糕点的生产许可及检验标准。因此，两款涉案产品的真实属性应认定为糕点，孙某所举报的无证生产饼干行为不成立。

（二）执法主体是质监部门还是其他部门：价格牌与食品标识标注内容不符谁来监管

前文，我们明确了涉案产品的真实属性为糕点，这就牵涉到另一个问题，即产品价格牌上标注的内容与产品包装标识上标注的内容不一致时该如何认定和处理。

1. 我国对价格牌与食品标识的监管适用的依据不同

国家发展计划委员会于2001年发布的《关于商品和服务实行明码标价的规定》第九条规定："明码标价应当做到价签价目齐全、标价内容真实明确、字迹清晰、货签对位、标示醒目。价格变动时应当及时调整。"第二十一条规定："经营者有下列行为之一的，由价格主管部门责令改正，没收违法所得，可以并处5000元以下的罚款；没有违法所得的，可以处以5000元以下的罚款。（一）不明码标价的；（二）不按规定的内容和方式明码标价的；……（七）其他违反明码标价规定的行为。"第二十一条规定的制定源于国家发展计划委员会1999年8月1日发布的《价格违法行为行政处罚规定》第十一条

---

① 《食品标签通用标准》3.1：食品标签，预包装食品容器上的文字、图形、符号，以及一切说明物。

② 《食品标识管理规定》第三条规定：食品标识是指粘贴、印刷、标记在食品或者其包装上，用以表示食品名称、质量等级、商品量、食用或者使用方法、生产者或者销售者等相关信息的文字、符号、数字、图案以及其他说明的总称。

规定。①《食品标识管理规定》规定了食品标识的内容应当真实准确，表明食品的真实属性，并符合国家或者行业标准，没有国家或者行业标准的，应使用不会引起误解、混淆的常用名。分析以上条款可知，《价格违法行为行政处罚规定》和《关于商品和服务实行明码标价的规定》主要适用于价格牌标注不规范的情形，而《食品标识管理规定》主要适用于食品标识标注不规范的情形。本案中，涉案产品的食品标识标注内容为糕点，并不存在虚假描述或其他不规范的情形，产生该争议和分歧的一个重要原因是食品价格牌与食品标识不一致。由于我国对食品的分类没有一个统一的分类标准，缺乏统一的国家标准或行业标准，普通百姓对饼干与糕点的理解也不明晰，饼干、糕点的外延内涵缺乏一个准确的界定。食品名称虽应以食品标识来判断，但食品价格牌与食品标识不一致，易误导消费者，产生纷争。

2. 建议对"多头管理"的市场监管问题采取"综合执法"模式

"食品公司"总公司在销售"曲奇派对"和"曲奇有礼"的糕点产品时，价格牌上却明码标价显示的是"由奶油饼干、咖啡饼干、巧克力饼干组成"，这种食品价格牌与食品标识不一致的标价行为，有误导消费者的嫌疑。但是，"食品公司"承担生产的分公司与负责销售的总公司之间，是不同的经济主体。在质监部门查处无证生产行为过程中，销售流通环节内的食品违法问题，不属于质监部门的监管范围。我国《食品安全法》确立了多部门、分环节的食品安全监管体制。同一生产经营者在同一场所兼有多环节的生产经营活动的情况，将会导致质量监督机关、工商行政管理机关、食品药品监督管理机关、物价管理机关等监管部门在行使职权时产生职权交叉、管辖不清，从而导致市场监管"失灵"。就本案而言，若违法行为发生在流通环节，具有监管权的主体为食品药品监督局、工商局、物价局；若违法行为发生在生产环节，则具有处罚权的主体为质量监督管理部门。若依照《价格违法行为行政处罚规定》和《关于商品和服务实行明码标价的规定》来进行处罚，被处罚行为发生在流通环节，具有处罚权的主体为工商行政管理机关；若依照《食品标识管理规定》来进行处罚，被处罚行为发生在生产环节，则具有处罚权的主体为质量监督管理部门。因此，本案的被告质量技术监督部门并不享有对流通环节价格牌不规范问题进行处罚或者处理的权利，其对孙某举报的无证生产饼干行为作出不予立案的决定合法、正确。但是，食品生产、流通、餐饮服务这三个环节联系紧密、相互牵涉，在某些特殊情况下会产生界定模糊，甚至交叉的现象。这就使得消费者在维权的时候难以准确判断寻求权利救济的部门。因此，笔者建议对食品分类作出统一的国家标准或行业标准，并科学确定相关监管环节和监管部门，避免出现执法交叉或执法推诿现象。例如，

---

① 《价格违法行为行政处罚规定》第十三条规定：经营者违反明码标价规定，有下列行为之一的，责令改正，没收违法所得，可以并处5000元以下的罚款：（一）不标明价格的；（二）不按照规定的内容和方式明码标价的；……（四）违反明码标价规定的其他行为。

上海市部分中心城区已经率先探索整合分散在中心城区工商、质量技监、食药监、物价等部门的机构职能和人员力量,将工商分局、质监局、食药监分局由垂直管理调整为区政府分级管理,整合成立市场监督管理局,统一标准规范,整合监管资源,强化统一监管。这种综合执法、一门受理的监管模式不失为一种有益尝试。

附表：饼干和糕点的主要生产区别

	饼干	糕点
主要原料	小麦粉、糖、油脂等	粮、油、糖、蛋等
基本生产流程	配粉和面、成型、烘烤、包装	原辅料处理、调粉、发酵、成型、熟制、冷却、包装
关键控制环节	配粉、烤制、灭菌	原辅料、食品添加剂的使用等
必备生产设备	1. 机械式配粉设备（如和面机）; 2. 成型设备（如制浆设施、浇注设备、烘烤卷制成型机、叠层机、辊印或辊切成型机、夹心设备等）; 3. 烤炉; 4. 机械式包装机	1. 调粉设备（如和面机、打蛋机）; 2. 成型设施（如月饼成型机、桃酥机、蛋糕成型机、酥皮机、印模等）; 3. 熟制设备（如烤炉、油炸锅、蒸锅）; 4. 包装设施（如包装机）。 5. 生产发酵类产品还应具备发酵设施（如发酵箱、醒发箱）

续　表

	饼干	糕点
检验项目	16项：感官、净含量、碱度、酸度、脂肪、酸价、总砷、铅、过氧化值、食品添加剂（甜蜜素、糖精钠）、细菌总数、大肠菌群、致病菌、霉菌计数、标签	26项：外观和感官、净含量、水分或干燥失重、总糖、脂肪、碱度、蛋白质、馅料含量、装饰料占蛋糕总质量的比率、比容、酸度、酸价、总砷、铅、过氧化值、黄曲霉毒素B1、防腐剂［山梨酸、苯甲酸、丙酸钙（钠）］、甜味剂（甜蜜素、糖精钠）、色素（胭脂红、苋菜红、柠檬黄、日落黄、亮蓝）、铝、细菌总数、大肠菌群、致病菌、霉菌计数、商业无菌、标签

（作者单位：上海市第二中级人民法院）

【域外撷英】

英国政府信息公开法律制度

史学成[*]

一、英国政府信息公开立法过程及最新发展

（一）立法过程及主要法律渊源

英国官方传统上有着深厚的保密文化，早在1889年就制定了首部《官方保密法》，规定所有公职人员未经授权向外泄露任何官方信息都构成犯罪，并且所有以违反该法的方式获得未经授权泄露信息的个人也构成犯罪。英国《信息自由法》的立法过程，就是与传统的政府保密文化作斗争的过程，这也是英国《信息自由法》的制定既晚于美国，也晚于其他英联邦国家，如澳大利亚、加拿大、新西兰的重要原因。自20世纪70年代起，英国国内各种力量开始了推动政府信息公开立法的努力，并在地方政府信息、个人医疗信息以及环境信息的公开等方面零散制定了一些法律规范。1994年梅杰领导的保守党政府发布了《获取政府信息工作守则》，要求所有中央政府部门公开政府信息，但是这一工作守则作为内部行政规范，并未赋予公民法律上的政府信息公开权，其实施效果并不理想。

1997年布莱尔领导的工党在大选获胜后为兑现关于制定《信息自由法》的竞选承诺，于1997年12月发布了《你的知情权》白皮书，对制定《信息自由法》的必要性、基本原则和主要内容作了阐述，并咨询公众意见。1999年5月，《信息自由法》草案公布，2000年11月获得御准成为正式法律。该法共有8章，其中有88条和8个附表，对信息公开的申请和答复程序，主动公开，免予公开的信息范围，国务秘书、司法大臣和信息专员的权力，法律实施，上诉权，历史记录以及对《数据保护法》的修改等作了较为细致的规定。但是该法不同内容的实施时间不一，给政府留出了4年多的实施准备期，涉及公民依申请公开信息的内容直到2005年1月1日才全部付诸实施。该法自实施以来，根据2010年《宪政改革和治理法》和2012年《保护自由法》的规定，对有关内容作了个别修改。同时，为了实施欧盟2003年关于环境信

---

[*] 法学博士，英国伦敦大学学院法律系2013—2014年志奋领项目访问学者。本文为作者访问学习报告。

息公开的第 4 号指令，英国政府于 2004 年对 1992 年《环境信息条例》作了全面修改，并于 2005 年 1 月 1 日起实施。该条例对环境信息公开的程序、免予公开的例外信息、历史信息以及法规的实施等作了规定。需要指出的是，上述《信息自由法》和《环境信息条例》仅在英格兰、威尔士和北爱尔兰实施，而不适用于苏格兰。因为苏格兰议会根据 1997 年《权力下放法》的规定，自行制定了《信息自由法》（2002 年）和《环境信息条例》（2004 年）（以英国议会通过的《信息自由法》和《环境信息公开条例》为范本，但是公开要求更高、力度更大），并由苏格兰信息专员负责监督和推动实施。

2000 年《信息自由法》和 2004 年《环境信息条例》构成了英国政府信息公开的主要法律规范。此外，还有与之相关的规范个人信息征集、使用和保护的 1998 年《数据保护法》和规范历史记录保存、管理和销毁的 1958 年《公共记录法》，这两部法律都根据 2000 年《信息自由法》的规定作了相应修改。除了议会立法之外，政府还根据议会的授权制定了一些授权立法，主要是 2004 年宪法事务部（2007 年后改为司法部）国务秘书根据授权以命令的形式颁布的《信息自由和数据保护（收费及合理上限）条例》，对政府信息公开（包括个人数据公开）的收费事项作出专门规定。

除了上述法律、法规之外，司法部国务秘书和司法大臣还根据《信息自由法》第 45 条、第 46 条的授权规定，颁布了两个《政府工作守则》，分别就《信息自由法》实施的有关问题（向申请人提供帮助和建议义务、政府信息公开申请的转送、征求第三方意见、政府信息公开与保密义务、内部投诉程序等）和公共记录的保存、管理和销毁等事项进行了细化规定。这些《政府工作守则》虽然不具有法律地位，但是按照惯例也是各公共部门必须遵守的行为准则。此外，英国司法部和信息专员还经常就政府信息公开法律实施中的具体问题发布指导意见，对于政府部门和社会公众准确理解和适用政府信息公开法律制度很有帮助。

（二）政府信息公开制度的最新发展

2010 年英国大选后，保守党和自民党组成的联合政府提出"小政府、大社会"的口号，制定"更加透明"的议程，要求政府提供的所有公共服务和所有公共资金的使用都要向社会公开，接受公众监督，对公众负责；同时提出"公众数据权"（Right to Data）的理念，即利用公共资金制作的数据应当由公众共享，要求这些数据以可以再利用的形式向社会主动公开。2010 年 5 月、2011 年 7 月，卡梅隆首相两次以公开信的方式，要求中央政府和地方政府承诺做到"透明消费"，对政府部门的公共资金支出信息和关系民生的国民健康服务、学校、刑事司法和交通领域的信息进行重点公开。同时，为了指导和监督各部门履行上述"数据透明"承诺，内阁办公室还专门成立了有外部专家参与的"公共部门透明委员会"，并与司法部合作推动"公众数据权"计划的实施。目前，数据公开已经成为英国政府部门的常态工作，包括上述信息在内的政府数据都会在专门的政府数据网站上公布。同时，为了推进地方政府信息公开工作，社区和地方政府部国务秘书于 2014 年 5 月发布了《地方政府透明守则 2014》，规定了地方政府必须主动公开的信息和推荐公开的信息，其中强制公开的信息中分为按季度公开的信息，包括：500 英镑以上支出的细节、政府采购卡的交易情况和 5000 英镑以上的政府招标信息；以及按年度公开的信息，包括：地方政府的土地，向志愿组织、社区和社会企业的拨款，组织机构，停车费收入，高级官员工资，政府控制的停车场等。推荐公开的信息种类除增加了反欺诈信息（如福利房欺诈）外，与强制公开的信息种类基本相同，但是在公开的内容和频度要求上更加严格、具体。

二、英国政府信息公开法律制度的调整范围

英国《信息自由法》赋予了任何人对公共部门持有信息的知情权，具体包括两项权利：一是任何人都有权要求公共部门告知是否持有某信息；二是如果公共部门持有该信息，有权要求提供该信息。相应的，公共部门负有两项义务：一是确认或者否认是否持有某信息；二是如果持有该信息，依法决定是否公开该信息。英国《信息自由法》对信息主体、信息的定义以及适用范围等作了规定。

（一）主体范围：公共部门和申请人

在适用的公共部门方面，英国《信息自由法》规定该法适用于英格兰、威尔士和北爱尔兰所有的公共部门，也包括英国政府设立在苏格兰运行的公共部门。除了法院、裁判所、情报机关、安全机关和王室及其家庭之外，其他所有公共部门都要遵守该法，总共有约 10 万个公共部门。《信息自由法》的附表 1 对所适用的公共部门范围进行了明示列举，并授权国务秘书可以命令的形式决定增加或者删除附表 1 所列的公共部门名单。同时，对于虽然无法列入附表 1，但是行使公共职能性质的私营机构以及按照合同代表公共部门提供公共服务的私营机构等，国务秘书还可以命令的形式将特定组织或者个人纳入该法调整范围。公共部门的范围很广，包括：中央政府部门、议会两院、威尔士国民大会、北爱尔兰国民大会、地方政府、警察、武装力量、准政府组织、监管机关、顾问机关、全国卫生服务机关、政府拨款的学校（大学、学院和学校）、国有企业、英国广播公司和电视 4 频道（但是与新闻、艺术和文学职能相关的信息除外）。因此，英国信息公开的主体范围不仅仅限于政府系统，也包括立法机关和军队等。

在申请人方面，英国《信息自由法》规定任何组织和个人都可以申请公开信息，不要求必须是英国公民，也可以是外国人。同时，该法还要求不能考虑申请人的动机和目的，也不能审查申请人的申请用途，只能审查申请是否符合法律规定，除非在认定为滋扰性或者重复性申请时例外。

（二）客体范围：信息的定义

《信息自由法》规定的公开对象是"信息"，而不是"记录"（record）或

者"文件"(document)。公众所享有的是对"信息"的知情权。所谓信息，是公共部门持有的以任何形式记录的资料，包括纸质记录、电子邮件、储存在电脑中的信息、音频、视频、磁带、微缩胶片、地图、照片、手写的便条或者其他任何形式的记录。实践中，公共部门经常需要根据申请人的申请，对包含有关信息的文件和记录进行整理、摘录或者汇编，有时甚至需要恢复被删除的电子数据信息，以满足申请人对特定信息的要求。当然，公共部门也可以直接提供"文件"，即使该文件包含的内容多于申请人要求的信息，也不认为是违法。如果有关文件或者记录中包含不应公开的信息，则根据信息可分割性原则，要对可以公开的信息进行摘录后公开。

此外，私人机构代为保管的公共部门信息，仍属于政府信息范畴，如商业公司代为保管的公共部门陈旧档案等。公共部门从第三方获取的信息，如果由公共部门持有即属于政府信息，如地方政府与居民的通信信息。电脑储存的信息如果已被删除，有时要考虑恢复信息的可能性。需要注意的是，所有上述信息，都必须是申请人提出申请时公共部门"持有"的信息。

实践中，以下情形一般认定为不属于政府信息：一是行政官员知情但是没有记录的信息；二是行政机关替他人保管的信息，如地方政府替其他机构保管的信息，警察局代为保管的没收财物；三是信息虽然由公共部门持有，但是与该部门的公共职能无关，如部长的私人日记或者与选区居民的通信信息。

（三）时间范围

《信息自由法》具有溯及既往的效力，对于该法生效前已经存在的政府信息，也要适用该法的规定进行公开。同时为了与1958年《公共记录法》相衔接，该法对"历史记录"作了专门规定。自制作之日起已经超过30年的政府信息（2010年《宪政改革和治理法》将其缩短为20年）属于"历史记录"，需要根据《公共记录法》的规定移交给国家档案局保管，这些历史记录除敏感信息之外，原则上都要向社会公开。

（四）关于环境信息的特殊规定

根据《环境信息条例》第2条的规定，环境信息的范围包括：（1）环境要素（如空气、大气、水、土壤、陆地、地形、自然遗址、生物多样性及其组成）的状态；（2）影响或者可能会影响环境要素状态的因素，如物质、能源、噪音、放射物、废物以及其他环境排放物质；（3）与环境要素状态或者影响环境状态因素有关的政策、法律、规划、项目、环境协议、与环境保护有关的措施或者活动；（4）与环境法律执行有关的报告；（5）与环境措施或者活动相关的成本效益分析或者经济分析和判断；（6）与人类健康和安全状态有关的信息，如食物链的污染情况、人类生活条件、文化遗址和建筑结构等。环境信息的公开，要按照《环境信息条例》而非《信息自由法》的规定进行。与《信息自由法》相比，《环境信息条例》规定的公共部门含义更为宽泛，如法院和裁判所的信息公开（审判职能除外）也要受其调整和规范。

三、英国的政府信息公开程序

英国存在两种公开政府信息程序：一是公共部门主动公开政府信息；二是公共部门根据申请人的申请公开相关政府信息。

（一）主动公开

主动公开是指公共部门定期主动向社会发布信息。《信息自由法》要求各公共部门都要制定本部门的主动公开目录，并报经信息专员批准后实施。公开目录应当不定期更新。信息专员也可以发布公开目录范本，供各公共部门参考。公开目录的内容一般包括：（1）定期公布的信息种类；（2）提供信息的方式；（3）提供信息是否收费以及怎样收费。2009年，信息专员公布了主动公开目录范本，几乎所有公共部门都采纳了该范本，统一了各部门发布信息的水平。根据该目录范本，以下7类信息公共部门应当主动公开：（1）我们是谁，做了什么；（2）我们花了哪些钱，怎么花的；（3）我们做什么，优先考虑什么；（4）我们怎样作决定；（5）我们的政策和程序；（6）其他种类；（7）申请公开信息、提供反馈及其他。2010年起，新一届联合政府加大了主动公开的内容，对于涉及公共资金支出和与群众生活密切的民生信息，如公共部门的财政信息、政府合同和招标文件，中央政府超过25000英镑的支出项目和地方政府超过500英镑的支出项目，超过150000英镑年薪的高级公务员的姓名、职务、级别等信息，具体到每个街区的犯罪率等，都要在网上主动公开。英国各公共部门普遍重视主动公开信息，把它当作促进政府信息公开的有力手段，这一方面是贯彻透明政府和责任政府的要求，另一方面可以减少依申请公开的数量，降低执法成本。近年来，随着信息技术尤其是互联网搜索引擎技术的发展，对传统的以信息公开目录促进主动公开的方式提出了新的挑战。为了进一步提高公开目录的实施效果，2011年9月，信息专员根据新一届联合政府的"更大数据透明"计划，拟修改信息公开目录范本，并征求公众意见。

（二）依申请公开

1. 申请。任何人均可以向公共部门申请公开特定的信息，具体要求是：（1）申请应当以书面方式提出，电子邮件或者传真形式被视为书面方式，但是打电话不可以。如果申请人不会书写，行政机关负有提供帮助和建议的义务，如可以告知申请人委托他人代为申请；在特殊例外情况下，行政机关可以记录申请人的口头申请并交由其确认。对于环境信息公开，申请人可以电话方式提出。（2）申请人的姓名和通信地址。申请人应当尽量使用本人的真实姓名，否则，其申请可能被拒绝。（3）对所要求公开信息的描述应当尽量具体。（4）提供信息的方式。但是，申请人并没有法定义务在申请书中明确申请是依照《信息自由法》提出的，也不必将申请提交给公共部门的政府信息处理机构。不过，如果申请人对这些内容予以明确，将有助于申请的及时处理。

2. 答复期限。公共部门收到申请后，应当及时答复，最长不能超过20个工作日。涉及收费的申请，自发出收费通知至收到付款的时间，不计入答复期限。对于学校放假，军队无法与前线单位取得联系，公共部门需征求国外邮局、政府或者公司意见，国家档案局需对移交档案是否属于免予公开范围进行决定等4种特殊情形，可以在60个工作日内答复。对于涉及公共利益测试的申请，公共部门应当提前告知申请人，并在"合理期限"内作出答复，法律没有规定具体时间。根据信息专员发布的指导意见，完成公共利益测试的时间，一般不超过20个工作日；特别复杂的情形，可以再延长20个工作日。

3. 答复程序。公共部门收到申请后，按照以下程序处理：（1）对申请进行登记并审查其有效性，要审查申请类型究竟是依照《信息自由法》《环境信息条例》还是《数据保护法》提出，是否需要征求第三人意见等。如果申请公开的信息描述不够具体，基于公共部门对申请人负有法定的提供建议和协助的义务，公共部门应当询问申请人，尽可能地搞清楚准确的申请内容，便于尽快查找。在这种情况下，公共部门只有在收到申请人反馈之后，才开始处理其申请。此外，如果公共部门发现申请属于滋扰性申请或者重复性申请，应当告知申请人。（2）对申请进行查找和检索，并对处理申请的费用进行初步估算。对于超过合理收费上限的申请，公共部门可以拒绝答复。如果经估算处理申请的费用达到收费上限，公共部门应当书面告知申请人并制作缴费通知书，载明缴费数额和日期，申请人应当在3个月内缴清费用。公共部门只有在收到缴纳的费用之后，才作进一步处理。（3）公共部门经检索、查找后，如果发现对是否持有相关信息作出确认或者否认，会导致免予公开的信息被迫公开的，免除其确认或者否认义务。公共部门应当就此作出书面决定，告知申请人决定的法律依据和具体理由，同时告知申请人对此不服，可以先向本部门申请内部审查；仍不满意时，可以向信息专员上诉，并告知信息专员的联系方式。（4）如果公共部门确定不持有申请信息，但是能够确定信息持有部门的，应当建议申请人向有关部门提出申请，并告知相关部门的联系方式；公共部门也可以在征得持有信息的公共部门同意后，将申请直接转送其处理。（5）如果公共部门确定持有相关信息，要审查是否属于免予公开的信息范围，如果不属于免予公开的信息范围，公共部门应当公开该信息。公开方式可以采取提供复制件或者副本、让申请人查阅、提供信息摘要或者摘录信息等方式进行答复。公共部门应当尽量以申请人要求的方式提供信息。（6）如果公开的信息属于免予公开的信息范围，公共部门要进一步审查是绝对免予公开范围还是有条件免予公开范围，如果属于绝对免予公开范围，则告知申请人不能公开该信息；如果属于有条件免予公开范围，则应当告知申请人需要进行公共利益测试，如果公开的公共利益大于不公开的公共利益，则公开该信息，否则不予公开。公共部门需要作出拒绝公开通知，说明决定的法律依据和具体理由,并告知申请人对此不服,可以先向本部门申请内部审查;仍不满意的,可以向信息专员上诉,并告知信息专员的联系方式。(7) 如果申请公开的信息属于已经移交给国家档案局的历史记录,国家档案局收到信息公开申请后,应当向责任部门(通常是移交部门)发送一份申请书副本,责任部门应当在法定期限内通知国家档案局对该申请的处理意见,责任部门如果认为不应当公开的,还要征求司法大臣的意见。

(三) 政府信息公开收费制度

英国政府信息公开收费包括两种情形:一种是对于简单申请,即仅仅收取复制、打印、邮寄费用,不计算人力成本,所收费用不能超过处理申请的实际成本。另一种是对于复杂申请,即除了复制、打印和邮寄费用之外,还要计算人力成本,包括公共部门确定是否持有信息,查找、摘录或者提取相关信息花费的工作时间(但是不包括确定信息应否公开以及征求第三人意见的时间)。如果处理申请的费用超过收费上限,公共部门可以拒绝答复该申请。该收费上限,对于中央政府部门、议会两院、威尔士国民议会、北爱尔兰国民议会以及国家武装力量为 600 英镑;其他公共部门为 450 英镑。同时,为了防止申请人规避收费行为,法规还规定同一个申请人或者被认定为与申请人一致行动的人在 60 个工作日内提出两个以上相同或者相似的信息公开申请,将合并计算费用。从实践来看,英国对于大多数信息公开申请是不收费的,对于超过收费上限的信息公开申请,基于公共部门向申请人提供建议和协助的法定义务,公共部门一般要向申请人提出缩小申请公开的信息范围等建议,而不能简单地拒绝申请。根据 2012 年下议院司法专门委员会的审议情况,公共部门普遍认为政府信息公开收费太低,不利于遏制滥用信息公开权的现象,尤其是认为公共资源被用于媒体编造新闻故事或者企业以商业目的使用,甚至导致公共部门经常需要花费 45% 的资源和精力来处理 5% 的复杂申请,违反了信息公开立法的本意,也对纳税人不公平。不少部门建议对现行收费制度进行改革,提高收费标准,解决滥用信息公开权的问题。

(四) 滋扰性申请和重复性申请的处理

《信息自由法》第 14 条规定,如果某信息公开申请属于滋扰性申请或者重复性申请,公共部门无须确认或者否认是否持有该信息,也不必向申请人提供该信息。但是公共部门仍要出具拒绝申请通知书,载明决定的法律依据和事实理由,并告知申请人有向本部门申请内部审查或者向信息专员上诉的权利以及信息专员的联系方式。

1. 滋扰性申请。根据信息专员发布的指导意见,认定滋扰性申请的标准有 5 条:(1) 以一个理性人的正常判断,该申请是否烦扰公共机关。对此,要结合申请的背景和历史来判断。根据信息专员或者裁判所的裁决,如果申请人与公共部门产生的争议已经法定程序解决,申请人仍以信息公开方式反复纠缠,或者向公共部门施加压力或者企图激活程序再继续投诉,构成滋扰性申请。(2) 该申请是否干扰公共机关的工作或者给其工作人员带来压力。可以从申请的数量和频率、是否使用敌意语言、是否针对某个特定的工作人员等方面考虑。(3) 考虑处理申请的成本和对公共部门正常工作的干扰,该申请是否给公共部门带来明显的负担。(4) 申请目的是否就是故意扰乱公共部门的正常工作。尤其是申请人明确表示目的就是干扰公共部门的工作或者之前的行为中明确表示将要给公共部门施加压力。(5) 申请是否没有任何严肃的目的或者价值。比如,要求公开是否存在鬼魂的信息等。只要申请符合上述 5 条标准中的任何一条,都可以认定为属于滋扰性申请。实践中,公共部门普遍反映该规定过于模糊、内容具有不确定性而难以适用,尤其是申请人通常都会就此再提起内部审查或者向信息专员上诉,拒绝其申请反而比作出答复的成本更高。因此,虽然信息专员支持公共部门适用该规定,但是很多公共部门仍不愿意适用该规定。据统计,在所有被拒绝的信息公开申请中,适用该条规定的仅占 3%。

2. <u>重复性申请</u>,是指申请人就已经处理过的申请再次提出相同或者实质上相似的申请。需要满足以下条件:(1) 申请人就某一事项提出过申请,公共部门已经对该申请作了答复;(2) 申请人再次提出的申请与之前的申请相同或者实质上类似;(3) 两个申请之间没有合理的时间间隔。

四、英国免予公开的政府信息范围

英国《信息自由法》第 21 条至第 44 条列举规定了免予公开的政府信息范围,共有 23 种。其中又可以划分为两种类型,第一种是绝对免予公开信息,只要属于这些信息类型范畴,就绝对免予公开。第二种是有条件免予公开信息,具体又包括两种情形:一是以信息种类为基础确定的,只要属于这些信息种类,不需要证明公开会导致特定的损害;二是以损害为基础确定的,需要说明公开会造成什么样的具体损害。这两种情形都需要接受公共利益损害测试,只有经过利益衡量确定不公开的公共利益大于公开的公共利益时,公共部门才可以不公开该信息。

(一) 绝对免予公开的政府信息

这类信息,无须接受公共利益测试,绝对免予公开,主要包括以下 9 类:

1. 公众可以通过其他方式合理获得的信息。比如,已经出版的图书或者宣传册等在公共领域的信息,也包括根据其他法律可以获得的出生、婚姻或者死亡证明等,不管获取这些信息是否收费或者仅提供查阅。这些信息一般会在公开目录中列出。

2. 由安全机关提供的或者与安全机关有关的信息。安全机关的范围比较广,包括安全局、秘密情报局、政府通信总部、依照 2000 年《调查权条例》第 65 条规定设立的裁判所、依照 1995 年《通信截取法》第 7 条设立的裁判所、依照 1989 年《安全局法》第 5 条设立的裁判所、依照 1994 年《情报局法》第 9 条设立的裁判所、安全审查上诉小组、安全委员会、国家刑事情报局、国家刑事情报局服务局、严重有组织犯罪局。对于该类信息，应当由适格的政府部长签发证明，作为该事实的确凿证据。实践中，该证明不是必须要求部长签发，但是如果部长签发了，若发生上诉，公共部门可以向信息专员表明该信息是免予公开的。目前，政府部长尚未签发过任何一份这类证明。申请人对该证明不服，可以向裁判所上诉。如果公共部门确认或者否认持有该信息，会导致信息公开的后果，则免除确认义务。

3. 包含在法庭记录中的信息。例如，公共部门持有的向法庭提交的或者由法庭保管的信息；公共部门因特定案件的诉讼程序而制作的或者收到的信息；公共部门持有的法院或者法院行政职员因诉讼程序制作的信息。此外，该规定还延伸适用于公共部门因履行法定调查或者仲裁程序而获取或者记录的信息，既包括第三人提供的信息，也包括公共部门自己制作的信息。法庭指行使司法权的机关，包括法院、裁判所以及其他行使司法权的机关如验尸官，也包括实施调查或者仲裁的人员。实践中，这类信息是否公开，根据法院规则决定。

4. 公开会侵犯议会特权的信息。如果公开这类信息，会或者可能会损害议会两院的特权。实践中，对这类信息，由下议院发言人或者上议院书记官签发证明，作为该事实的确凿证据。如果公共部门确认或者否认持有该信息，会导致信息公开的后果，免除确认义务。

5. 议会两院持有的公开会损害公共事务有效运行的信息。如果公开这类信息，将会或者可能会损害大臣集体责任制惯例的维护；损害北爱尔兰议会或者威尔士国民大会执行委员会的工作；妨碍自由坦率地提供建议或者交流看法以及其他损害公共事务有效运行的情形。如果公共部门确认或者否认持有该信息，会导致信息公开的后果，则免除确认义务。

6. 个人信息。个人信息的范围既包括个人的人事、医疗、信用、教育记录等，也包括个人的工资、税务责任、银行账户、消费偏好等。具体包括两种情形：一是申请公开的是信息主体（申请人本人）的个人信息，属于绝对免予公开的信息范畴，因为个人信息的公开要根据《数据保护法》的规定提出申请。二是如果申请公开的不是本人而是第三人的个人信息，但是公开会与《数据保护法》的原则相抵触，或者根据《数据保护法》的规定，申请人无权获取该信息，则不能公开。实践中，英国公共部门经常会收到与公开本部门雇员信息有关的申请，如果申请公开的信息是该雇员的工作职责、职务或者在职权范围内作出的决定等事项，应当公开。但是，如果申请公开的是与该雇员有关的私人信息，如家庭住址、内部纪律处分等事项，则不属于公开范围。此外，关于公共部门雇员的工资、补助等事项，以前不属于信息公开范围，近年来随着政府透明度的提高，英国议员的支出补助、部长和政府部门高级公务员的姓名、工资、福利等信息以及政府公务消费的数额和项目（不包括饭店等具体细节）也纳入了主动公开范围，主要理由是这些人员对公共政策的制定或者公共支出负有责任，相应地就要接受公众监督。但是，低级公务员（政府发言人或者对外代表公共部门的官员除外）的工资、福利等个人信息，不属于政府信息公开范畴，主要理由是这些公务员根据其角色和职责，很少会对公共政策的制定或者公共开支负责，而且他们有正当理由期待公共部门不会公开这类个人隐私信息。

7. 与王室特定成员的通信信息。主要是公共部门与国王或者王位第一、第二顺位继承人或者他们的代表人之间的通信信息。如果公共部门确认或者否认持有该信息，会导致信息公开的后果，则免除确认义务。

8. 秘密提供的信息。如果公开该信息，违反公共部门的保密义务，公共部门会因此遭到起诉并且可能败诉的话，免予公开此类信息。保密义务可以根据合同产生，但是在特定情况下，普通法上的保密义务是否成立还应考虑公共利益的需要。如果公共部门确认或者否认持有该信息，会导致信息公开的后果，则免除确认义务。

9. 其他法律禁止公开的信息。比如，法律明确禁止公开的信息，公开会违反英国欧共体义务的信息，以及公开会构成藐视法庭罪或者会遭到藐视法庭罪处罚的信息。如果公共部门确认或者否认是否持有该信息，会导致信息公开的后果，免除确认义务。2004年，英国政府以命令形式废止或者修改了8部法律中有关禁止公开的规定。此外，2005年宪法事务委员会公布了对有关妨碍公开的法律法规的清理和审查报告，确认有210条妨碍信息公开的规定，并分别提出了修改、废止或者保留的规定，但是政府未再就此进一步发布实施命令。目前，这些规定形式上仍有效，但是在实践中已经很少适用。

（二）有条件免予公开的政府信息

这类信息是否公开，建立在公共利益测试的基础上，如果不公开的公共利益大于公开的公共利益，则不予公开。主要包括：

1. 定于将来要公开的信息。公共部门在收到申请时，就已经决定将在未来特定时间予以公开的信息，但是具体的公开时间不要求确定，只要在合理时间内即可。比如，与研究项目有关的信息，应当在研究项目完成后再公布，而在研究项目未完成前公开是不合适的。又如，统计信息通常会在特定日期进行公布，而不能提前公开。如果公共部门确认或者否认持有该信息，会导致信息公开的后果，则免除确认义务。

2. 与保障国家安全有关的信息。这类信息需要由特定的"负责人"签发证明，作为该事实的确凿证据。实践中，只有内阁部长、检察总长、北爱尔兰检察总长或者苏格兰总辩护人才有资格签发这类证明。

3. 国防信息。如果公开这类信息，将会或者可能会损害英国列岛或者英属殖民地武装部队，或者相关部队的能力、有效性或者安全。如果公共部门确认或者否认持有该信息，会导致信息公开的后果，则免除确认义务。

4. 国际关系信息。如果公开这类信息，将会或者可能会损害英国与其他国家的关系，英国与其他国际组织或者国际法院的关系，英国的海外利益以及英国推动或者保护的海外利益。此外，英国从其他国家、任何国际组织或者国际法院秘密获取的信息，也属于该类免予公开的信息范围。如果公共部门确认或者否认持有该信息，会导致信息公开的后果，则免除确认义务。

5. 英国国内关系信息。如果公开这类信息，将会或者可能会对英国政府造成损害，包括对联合王国政府、苏格兰政府、北爱尔兰议会执行委员会或者威尔士政府造成损害。如果公共部门确认或者否认持有该信息，导致信息公开的后果，则免除确认义务。

6. 经济信息。如果公开这类信息，将会或者可能会损害联合王国或者联合王国任何组成部分的经济利益，或者会损害英国政府的财政利益，如预算利益。如果公共部门确认或者否认持有该信息，会导致信息公开的后果，则免除确认义务。

7. 公共部门实施调查或者起诉的信息。公共部门为了确认是否构成违法或者犯罪而进行的调查或者可能带来刑事指控的调查信息，以及与刑事诉讼程序有关的信息。同时，还包括公共部门以进行上述调查或者起诉为目的而从秘密来源处获取的信息。具有刑事调查和起诉职权的部门不限于警察局和国家追诉局，还包括环境局、税务局等部门。如果公共部门确认或者否认持有该信息，会导致信息公开的后果，则免除确认义务。

8. 法律执行信息。如果公开这类信息，将会或者可能会损害对犯罪的预防和侦查、对违法人员的逮捕和起诉、司法、税收责任或者与之性质相同收费的评估和征收、出入境控制、监狱或者其他拘留场所安全和良好秩序的维护。还包括公共部门为确定某人是否违法或者某不当行为的责任人，对某监管对象是否需要采取监管措施，对某专业人士或者需要取得许可人员的职业能力调查，事故调查，为慈善管理、确保健康、安全和福利等进行执法调查获取的信息。如果公共部门确认或者否认持有该信息，会导致信息公开的后果，则免除确认义务。

9. 与审计职能相关的信息。对其他公共部门（不包括私营部门）负有审计或者监督职能的部门持有的信息，如果公开这类信息，将会或者可能会损害对公共部门会计账目的审计，或者对公共部门的经济性、效率性和有效性的审查。但是不包括公共部门自身内部审计相关的信息。如果公共部门确认或者否认持有该信息，会导致信息公开的后果，则免除确认义务。

10. 与政府的政策制定等有关的信息。任何政府部门或者威尔士国民大会政府持有的信息，如果与政府政策的制定、部长之间的沟通、法律办公室出具的建议以及向法律办公室提出的咨询申请或者与部长私人办公室的运行有关，则属于免予公开的政府信息。其主要理由是保护高层制定政策的"安全空间"，使政策制定人员可以自由坦率地发表意见，以确保公共政策的制定质量。但是，一旦政府政策已经制定完成，那么作为政策制定的背景资料的统计信息，就不再属于免予公开的信息范围了；对于其中的事实信息，无论政策制定过程是否完成，根据公共利益的需要，都应当公开。部长间的沟通是指两个以上部长之间的相互沟通，包括内阁和内阁委员会的会议记录、部长之间的通信、电子邮件、电话记录等，但是不包括部长与部长之外的其他人的沟通。如果公共部门确认或者否认持有该信息，会导致信息公开的后果，则免除确认义务。

11. 公开会损害公共事务有效运行的信息。如果公开这类信息（议会两院持有的信息除外），将会或者可能会损害部长集体责任制惯例的维护，或者北爱尔兰国民大会、威尔士国民大会政府内阁的工作；或者将会或者可能会妨碍自由坦率地提供建议或者交流对审议问题的看法；以及其他将会或者可能会损害公共事务有效运行的信息。如果公共部门确认或者否认是否持有该信息，会导致信息公开的后果，免除确认义务。该条规定的"损害部长集体责任制管理的维护"这一理由经常会与第35条中的"部长之间的沟通"信息相重合，多数公共部门会适用"部长之间的沟通"这一免予公开的理由。

12. 与王室的通信以及荣誉相关的信息。与除国王、王室第一和第二顺位继承人之外的其他王室成员的通信，以及与国王授予的任何荣誉或者尊严相关的信息。如果公共部门确认或者否认持有该信息，会导致信息公开的后果，则免除确认义务。

13. 健康和安全信息。如果公开这类信息，将会或者可能会对个人的身体或者精神健康造成危险，或者对个人安全带来危险。如果公共部门确认或者否认持有该信息，会导致信息公开的后果，则免除确认义务。

14. 环境信息。环境信息的公开，应当依照《环境信息条例》的规定申请，属于免予公开的范围。

15. 个人信息。如果申请公开申请人之外的第三人的个人信息，并且公开将会违反《数据保护法》第10条关于"禁止公开将给信息主体造成伤害或者压力的信息"的规定，属于有条件的免予公开范围，需要接受公共利益测试。

16. 法律职业特权信息。法律职业特权包括首要目的是与诉讼有关的通信或者沟通信息，以及委托人与法律顾问之间就提供法律建议而进行的通信或者沟通。此外，在苏格兰的法律诉讼程序中可以不公开的秘密通信，也属于该法律职业特权信息。

17. 商业利益信息。具体包括两类信息：一是商业秘密，英国对于何谓商业秘密没有统一的界定，通常认为是受保密法保护的具有商业价值的信息；二是如果公开将会或者可能会损害任何人的商业利益的信息（包括持有该信息的公共部门的商业利益），这类信息也没有统一界定，通常是指个人或者部门有能力参与的商业活动，如货物或者服务的买卖，不管是否营利。是否构成商业利益信息，由公共部门进行审查后决定。如果公共部门确认或者否认持有该信息，会导致信息公开的后果，则免除确认义务。实践中，针对越来越多的政府服务外包情形，公共部门在签订政府合同时，一般都要订立政府信息公开条款，要求代表公共部门提供公共服务的私营企业要协助公共部门依法履行政府信息公开义务。

（三）关于历史记录和环境信息的特殊规定

1. 关于历史记录。历史记录的免予公开范围要小于一般的信息范围，免予公开范围包括，英国国内关系、刑事调查和起诉、法庭记录、审计职能、政府政策的制定、有害于公共事务的有效运行、与王室的通信、法律职业特权和商业利益有关的八类信息。此外，与荣誉有关的信息，超过60年不再适用免予公开的规定；与法律执行有关的信息，超过100年不再适用免予公开的规定。由安全机关提供的或者与其工作有关的信息，不再是绝对免予公开的信息范围，而要接受公共利益测试。

2. 环境信息公开的例外范围。根据2004年《环境信息条例》的规定，所有免予公开的例外环境信息都要接受公共利益测试，不存在绝对免予公开的环境信息。免予公开的环境信息包括：（1）申请明显不合理或者太普通。（2）申请的相关资料正在完成过程中，或者属于未完成的文件或者不完整的数据。（3）申请包括公开"内部沟通"信息。（4）申请将对国际关系、国防、国家安全或者公共安全带来不利影响。（5）如果公开，将会对司法、公正审判或者刑事、纪律调查带来不利影响。（6）如果公开，将会对知识产权保护带来不利影响。（7）如果公开，将会对法律规定的公共部门在诉讼程序中的秘密带来不利影响。（8）如果公开，将会对法律保护的合法经济利益即商业或者工业秘密带来不利影响。（9）如果公开，将会损害自愿提供信息的人员的利益，具体要件：一是公共部门没有权力强迫该人员提供信息；二是公共部门没有被授权公开该信息；三是提供信息的人员没有同意公开该信息。（10）如果公开，将会对环境保护带来不利影响。（11）个人信息：一是申请人之外的第三人信息，如果公开将会违反数据保护原则；二是根据《数据保护法》的规定，该信息不应对申请人公开；三是根据《数据保护法》第10条的规定，已经以公开可能会对相关人员带来实体或者没有保证的伤害和压力为由，发出禁止公开通知书。后两种情形，要接受公共利益测试。（12）个人信息，如果申请公开的个人信息是申请人本人的个人信息，应当根据《数据保护法》的规定申请，不适用《环境信息条例》。

（四）关于公共利益测试

对于免予公开的政府信息，需要接受公共利益测试，公共部门应当对公开的利益和不公开的利益进行权衡，然后决定是否公开相关信息。但是《信息自由法》或者《环境信息条例》对"公共利益"的含义均未作出规定，英国判例法中涉及"公共利益"界定的判例也不多。因此，需要具体问题具体分析，根据每个案件的不同情形进行判断。信息专员根据实践中的案例和国外政府信息公开法律的实施情况，提出了确定公共利益时的一些考虑因素。比如，有利于公开的公共利益包括：使公众了解以对重要问题进行辩论；有利于公众有效参与到与其相关的决策制定中；对决策程序提供充分的审查；保证公共部门负责任地使用公共资金；促使公共部门合理履职；确保公众不受公共部门欺骗；告知公众对健康、安全和环境的危险，以便于采取足够的预防措施；公正对待公众；曝光错误行为；消除没有事实根据的考虑。与此同时，下列情形属于不应当纳入判断公开的公共利益的考虑因素：公开会使政府官员陷入尴尬境地；涉及的官员职位高低；申请人会曲解相关信息的风险以及可能导致公众丧失对政府的信任等。

根据统计，中央政府部门2007—2010年间共在32600个申请中适用免予公开的规定，其中适用最多的是个人信息这一规定，达到41%，其他的分别是：调查和诉讼程序11%，秘密提供的信息8%，法律执行8%，政策制定7%，商业利益7%和法律禁止公开7%，议会特权、有害国内关系和审计职能相关的例外情形则适用的比较少。

四、英国政府信息公开救济制度

申请人不服公共部门就其信息公开申请作出的程序性或者实体性处理，如拒绝公开，无论理由是属于免予公开的信息范围、对信息的描述不够具体致使无法查找还是属于滋扰性或重复性申请、迟延答复、收取费用等，均可以依法申请救济。主要有三种途径：一是向原公共部门提起内部审查（internal review）；二是向信息专员上诉（appeal）；三是向裁判所上诉（appeal）。此外，对于没有上诉权的特殊情形，可以向高等法院提起司法审查（judicial review）。

（一）内部审查

申请人对公共部门的信息公开申请处理决定不服，或者认为公共部门未依法遵守主动公开目录的规定，可以向公共部门提起内部审查，这也是向信息专员申诉必经的前置程序。内部审查申请不收费。《信息自由法》对内部审查程序未作规定，而是授权国务秘书制定《工作守则》。根据宪法事务部国务秘书2004年发布的《工作守则》规定，内部审查申请应当以书面方式提出，一般由原决定官员的上级官员对案件的事实和法律问题进行全面、公正的再评估，如果认为不予公开决定违法，应当责令立即公开；如果认为决定程序错误，应当向申请人道歉并采取措施避免将来出现同样错误；如果认为不予公开决定或者其他决定合法，应当决定予以维持，同时告知申请人可以向信息专员上诉，并告知信息专员的联系方式。根据司法部和信息专员发布的指导意见，对于一般案件，公共部门应当在20个工作日内处理完毕；对于复杂案件，中央政府部门的处理时间不能超过6周，其他部门不能超过40个工作日。根据《环境信息条例》的规定，对于环境信息公开申请的内部审查申请，公共部门应当及时处理，最长不能超过40个工作日。公共部门的内部审查决定代表了该部门的最终立场。至于申请人收到该决定后应当在多长时间内向信息专员上诉，法律没有规定（苏格兰《信息自由法》规定申请人应当在40个工作日内提出上诉）。关于该制度的实施效果，多数申请人和公共部门都持积极肯定态度，认为内部审查制度给公共部门提供了一个自我纠错的机会，也减少了上诉成本。

（二）向信息专员上诉

申请人对公共部门作出的内部审查决定仍不服的，可以依法向信息专员上诉。信息专员对案件的事实和法律问题进行全面审查，其在审查过程中可以发出提供信息通知书，要求公共部门提供全部相关信息，对于拒绝提供信息的，信息专员可以向法院申请搜查令，有权进入公共部门场所进行搜查并调取相关信息。信息专员对于公共部门作出的拒绝公开申请，可以作出公开信息通知书，责令公共部门限期向申请人公开相关政府信息。如果公共部门不予公开决定合法的，信息专员应当决定予以维持。对于公共部门拒绝执行的，信息专员可以发出强制执行通知书，责令公共部门限期采取整改措施，强制执行通知书只有在极特殊的情况下才会发出，因为公共部门一般都会遵守信息专员的信息公开决定。信息专员作出的信息公开决定，应当载明处理申请需要的信息、提供信息的时间、决定的依据以及提起上诉的权利。信息专员就特定申请作出的信息公开决定具有类似于法庭命令的效力，如果公共部门不履行该决定，信息专员可以将有关情况告知高等法院，高等法院经调查后认定情况属实的，相关公共部门构成藐视法庭罪，将被处以罚款或者监禁。

（三）向裁判所上诉

申请人或者公共部门对信息专员就某一案件作出的信息公开决定不服，可以向初审裁判所中的信息权裁判所上诉，这一上诉具有中止执行信息专员决定的法律效力。信息权裁判所前身是根据1984年《数据保护法》设立的数据保护裁判所，后改为信息裁判所。2007年《法院、裁判所和强制执行法》对原来分散的裁判所体制进行改革，设立了统一的两级制裁判所：初审裁判所和高等裁判所，每一级裁判所都设立若干裁判庭，高等裁判所还被授予了与高等法院相同的司法审查权。2010年1月17日，信息裁判所并入新设立的初审裁判所（普通规制分庭），改称为信息权裁判分庭，专门负责政府信息公开和数据保护类上诉案件的处理。初审裁判所合议庭通常由1名裁判所法官和2名外部委员3人组成，有权对案件的事实和法律问题进行全面审查，除可以撤销原决定之外，还有权作出替代性裁决。初审裁判所的裁决不具有先例的效力，只具有"说服性"效力，初审裁判所不必遵循以前作出的裁决，裁决书中可以把多数意见和少数意见都公布出来。

若申请人或者公共部门对初审裁判所的裁决不服，可以在取得初审裁判所或者高等裁判所的上诉许可后，就法律问题向高等裁判所上诉。高等裁判所的裁决具有先例效力，对初审裁判所和所有公共部门都有约束力。当事人如果对高等裁判所的裁决不服，可以向上诉法院进行上诉。此外，对于没有上诉权的特殊情形，当事人还可以直接向高等法院申请司法审查，司法审查主要审查程序问题，如决定作出的方式是否合法或者是否按照正确的程序作出决定，而不能审查决定本身正确还是错误。此外，法院不能代替行政机关作出决定，这意味着即使原决定被撤销后，公共部门仍可以按照正确的程序作出与原决定内容相同的决定。

（四）关于对信息专员公开信息决定的否决

对于信息专员作出的要求公共部门公开政府信息的决定或者强制执行决定，具备一定资格的公共部门负责人有权予以否决。但是这一否决权的行使具有严格的限制：一是只有对要求公开的信息负有责任的内阁部长才有权出具否决证明（如果涉及前任政府的文件，有权否决的负责人只能是检察总长，并要征求前任部长及反对党的意见）；二是否决权的行使必须征求内阁各部长的意见，只有在内阁部长集体同意的情况下，才能行使；三是否决权的行使只能限于极其特殊的情形，而不能经常性使用；四是内阁部长的否决证明，必须向国会两院提交副本。内阁部长的否决效力只能及于具体的个案申请，不排除其他申请人可以就相同信息继续申请公开。截至目前，内阁部长的否决权只行使过5次，均涉及对内阁会议记录或内阁委员会文件的公开问题，其主要理由是为了保障高层决策讨论的"安全空间"，避免高级文官不敢自由坦率地发表看法、提供意见，进而损害决策质量。内阁部长的否决证明必须通知申请人和信息专员，并说明理由。如果向申请人提供否决证明本身会导致披露免予公开的信息，则可以不向其提供。申请人对内阁部长就信息专员的信息公开决定作出的否决证明不服，可以向初审裁判所上诉。如果被诉的否决证明涉及安全机关，初审裁判所具有完全的审查权，发现与事实不符，可以裁决撤销其否决证明；如果否决证明涉及国家安全问题，则只能对否决证明的理由是否充分进行审查，只能以理由不充分为由撤销否决证明。这一内阁部长的否决权虽然威胁到信息专员裁决的独立性和权威性，但是信息专员可以将否决情况向议会提交专门报告，从而使之进入"政治"考量领域。

五、英国政府信息公开法律制度的实施情况

（一）实施准备工作

自2000年11月30日《信息自由法》正式生效到2005年1月1日全部实施，这4年多的实施准备期间，英国政府各部门积极做好各项实施准备工作。同时，英国议会下议院及其专门委员会还对公共部门的实施情况进行专门审查和监督，有力地推动了信息公开法律制度的实施。

1. 宪法事务部国务秘书根据《信息自由法》第45条、第46条关于制定《工作守则》的授权规定，制定了2个可操作性强的细化规定，由各公共部门统一遵循。同时，司法大臣还就信息公开收费事项制定单行法规，解决了信息公开如何收费问题。

2. 宪法事务部负责中央政府约20个工作部门和20多个直属机构的信息公开实施工作。宪法事务部设立了信息公开申请处理交换中心，统一处理中央政府部门收到的疑难、敏感以及跨部门的政府信息公开申请，确保法律的统一实施。同时，建立中央政府部门信息公开数据定期报送和公布制度。

3. 宪法事务部和信息专员对《信息自由法》具体条文如何实施发布指导意见，供各部门参考。同时，还组织清理修改有关妨碍信息公开的法律法规，

要求各部门设立或者指定专门负责信息公开工作的部门或者人员,对公共部门信息公开工作人员进行培训教育,对各部门提出的疑难问题进行解答等。

4. 信息专员对各公共部门主动公开目录进行批准,并对主动公开情况进行监督、指导。

2004 年年底,英国下议院宪法事务专门委员会对《信息自由法》的实施情况进行了专门审议,尖锐地批评了宪法事务部在制定授权法规和发布适用意见等方面的拖延;2006 年,又对《信息自由法》实施一年来的情况进行检查审议,对存在信息专员处理上诉案件不及时的突出问题,明确建议宪法事务部加大对信息专员办公室的资源(经费)支持,以解决案件积压问题。

(二)信息专员

《信息自由法》规定,信息专员负责监督和推动《信息自由法》(包括国务秘书就此颁布的《工作守则》)和《环境信息条例》的实施。其工作目标是确保公共部门公开、负责,帮助公众更好地理解公共部门如何履行职责、作出决策的理由以及公共资金是如何支出的。此外,其还负责监督和推动《数据保护法》《隐私与电子通信条例》等涉及个人隐私保护的法律法规的实施。

信息专员的前身是 1998 年《数据保护法》规定的数据保护注册处,《信息自由法》通过后,更名为信息专员。信息专员由司法部选任,议会司法专门委员会审议,最后由女王根据首相的建议任命。信息专员下设办公室,负责具体工作。信息专员每年都要向议会提交工作报告,并可以就法律实施中的具体问题进行专门报告。在与司法部的关系上,司法部是信息专员的赞助部门,由司法部负责信息专员办公室的经费拨付,但是根据两者 2011 年签订的《框架协议》和 2012 年通过的《自由保护法》的规定,目前信息专员在经费使用权、雇员人事任命权以及培训、会议和举办活动收费权方面得到极大扩充。比如,信息专员的任期由 5 年延长至 7 年,信息专员无须国务秘书的批准就可以对会议、培训和举办活动进行收费;允许国务秘书在征求信息专员意见的基础上,发布命令扩大信息专员收费范围;限制国务秘书对信息专员办公室人员和工资安排的干预权,人员晋升由信息专员根据工作业绩实行公正、竞争性选拔。

信息专员既负责指导、监督、推动除中央政府 40 个部门以外的其他所有公共部门信息公开法律制度的实施,同时还负责所有针对公共部门的上诉案件的处理,具有很强的独立性和专业性。《信息自由法》赋予了信息专员广泛的执法权。比如:批准各部门主动公开目录、制定主动公开信息目录范本、对各公共部门守法情况进行检查评估、为处理信息公开上诉案件向公共部门制发政府信息公开决定书、对故意销毁公共记录的公共部门工作人员提起刑事诉讼等。其中,最重要的是向公共部门制发政府信息公开决定书的权力,具体包括:(1)提供政府信息通知书。通常是为了裁决案件的需要,要求公共部门在规定时间内向信息专员提供特定信息。(2)公开政府信息通知书。

对公共部门处理某一特定政府信息公开申请是否合法进行调查并作出裁决，如公共部门是否未依法确认是否持有信息，是否无正当理由不公开申请的信息，是否未以申请人要求的形式提供信息，是否超过法定期限答复申请人等。（3）强制执行通知书。针对公共部门拒不执行信息公开法律规定的行为，强制相关部门采取（或者禁止采取）特定措施以符合法律规定。（4）行为建议书。对于公共部门虽然不构成违法但是违反国务秘书发布的《工作守则》的情形，向公共部门发出执法建议书，督促其采取措施以符合《工作守则》的规定。但是，行为建议书不具有强制执行的效力。（5）任务承诺书。对于公共部门在遵守法律方面存在的突出问题采取的专门治理措施，以提高法律遵从水平。目前主要是针对公共部门超期答复申请问题采取监督措施。比如，对于6个月内收到6起有关超期不答复投诉的公共部门或者按时答复率低于85%的公共部门，采取专门监督措施，又如，信息专员2011年对33个超期答复的公共部门点名通报并责令3个月内整改，其中26个部门按期进行了整改。

此外，公共部门工作人员以阻止申请的信息公开为目的，销毁或者伪造申请人请求的信息，将触犯刑法，构成刑事责任，信息专员可以对其进行罚款，也可以自行为发生之日起6个月内依法进行公诉。

（三）实施效果

2012年，下议院司法专门委员会对《信息自由法》实施6年来的情况进行了全面的立法后评估，审议认为《信息自由法》的主要目标都得到了实现，虽然个别地方仍存有不足，但是没有必要对该法进行大的修改。总体来看，英国《信息自由法》的实施是比较成功的，这也可以从有关统计数据中得到印证。

1. 关于信息公开申请情况。根据司法部统计，2005—2010年，中央政府部门收到的信息公开申请数量分别是：38108件、33688件、32978件、34950件、40467件、43796件。对于中央政府以外的其他公共部门信息公开情况，法律没有强制统计要求，但是，根据伦敦大学学院的研究报告，地方政府2005—2009年收到的申请数量分别是：60000件、72000件、80000件、118000件、165000件；英国议会2005—2009年收到的申请数量分别是：259件、191件、249件、421件、910件。申请人中60%是公民，20%是企业，10%是记者。目前，英国每年大约收到信息公开申请20多万件，其中向中央政府提出的4万多件，向地方政府提出的16万件左右。中央政府信息公开的完全公开率从2005年的66%下降到2010年的57%，完全拒绝公开率则从2005年的18%上升到2010年的25%；地方政府的完全公开率呈上升趋势，完全拒绝公开比率最高值是2006年的10.5%。总体来看，政府信息公开申请数量呈不断增长趋势，但是政府信息公开率则呈现中央和地方政府一降一升的不同趋势。

2. 关于信息公开申请内部审查和上诉情况。据统计，在中央政府，2005

年至 2010 年共收到 7400 件内部审查申请，占全部申请 223987 件的 4.4%；地方政府收到 11336 件内部审查申请，占全部申请 693650 件的 1.6%。从处理结果来看，中央政府全部维持的占 76%，部分维持的占 15%，被撤销的只有 9%。考虑到内部审查申请不收费，且提出内部审查申请的比率仍较低的事实，这表明多数申请人对政府信息公开工作是满意的。据统计，2005 年至 2010 年，申请人对中央政府部门内部审查申请决定不服，向信息专员上诉的案件有 1320 起，占提起审查申请案件的 17.8%，其中信息专员全部维持中央政府部门审查决定的 64%，部分维持的占 19%，被撤销的只有 16%。另外，2005 年至 2011 年，信息专员共作出 2667 起信息公开决定书，进一步向信息裁判所上诉的 685 起，占全部决定的 25.6%。其中，申请人提起上诉的情形较多，上诉人的胜诉率不到 30%。这也表明无论是公共部门的内部审查还是信息专员、信息权裁判所的上诉，都很好地发挥了救济作用。

六、对英国政府信息公开制度及其实施情况的几点思考

英国从长期固守政府保密传统，排斥政府信息公开法律制度，到最终借鉴其他发达国家经验制定专门的信息公开法律，并跃居世界上信息最公开的国家之列，经历了漫长的过程。我国自 2008 年《政府信息公开条例》实施以来，政府信息公开成绩巨大，但是也存在法律规定相对简单、实施效果有待提高等问题。英国的政府信息公开立法及其实施过程，对我们有以下几点启示。

1. 制定体系健全、内容协调的政府信息公开法律体系，是政府信息公开制度有效运行的法律基础。英国形成了以《信息自由法》为基础、《环境信息条例》为补充、政府《工作守则》相配套、主管部门指导意见为参考等多层次的法律规范，为信息公开制度的有效实施奠定了坚实的法律基础。同时，政府信息公开法律制度与其他相关的法律制度，如《数据保护法》《公共记录法》《官方保密法》等衔接顺畅、相互协调，较好地平衡了信息公开与隐私保护、国家秘密保护、档案利用等制度之间的关系，各种制度相辅相成，相互促进。

2. 必须维持保护公众知情权、维护公共部门正常工作秩序以及个人信息之间的适度平衡。英国通过立法赋予了社会公众对公共部门持有信息的普遍知情权，但是这一权利并不是绝对的。为了避免公众知情权被滥用，除了立法明确规定免予公开的政府信息范围从而赋予公共部门信息公开的裁量权之外，英国还设计了内阁部长否决权、政府信息公开申请收费制度、滋扰性申请和重复申请拒绝处理等制度，对依申请公开进行规范，避免政府信息公开制度被滥用，干扰公共部门正常工作秩序，不当增加公共部门负担。同时，对于涉及个人隐私的信息公开比较慎重，严格遵守《数据保护法》的规定，使涉及个人隐私的信息成为政府不予公开信息适用最多的豁免理由。

3. 设立专业、高效、相对独立的信息专员负责指导、监督和推动信息公开法律制度的实施，并赋予其针对公共部门的较大执法权，是英国信息公开

法律制度有效实施的重要保障。信息专员虽然属于政府序列（受司法部领导），但是其要向议会报告工作，并且得到议会专门委员会的有力支持，对其他公共部门也具有较大的执法权，保障了其独立、有效地履行职责。此外，英国信息专员统一负责实施政府信息公开和数据保护两项内在矛盾的法律规范，表面上看可能存在利益冲突，但是实际上减少了不同部门执法可能产生的摩擦和内耗，在欧洲各国中反而是比较成功的执法模式。因此，要实现政府信息有效公开，必须有一套科学有效的保障机制，包括执行、监督和救济等机制。

4. 科学界定免予公开的信息范围，妥善处理"公开与保密"之间的关系，是政府信息公开立法的关键和核心问题。政府信息公开范围的确定，应当遵循利益平衡原则，兼顾公民与国家、企业与社会的利益，并结合国家的实际情况和需要，既要有利于政府信息充分发挥效益，又不能影响或者损害国家安全和公共利益。英国《信息自由法》立法过程中，各方力量对于免予公开的信息范围争议最大，最后以23个法律条文进行规定，占全部法律条款的1/4。虽然社会公众仍批评免予公开的信息范围过于宽泛，但是由于对免予公开的信息范围进行了明确列举，有效地避免或者减少了后续的执法争议。因此，英国政府信息公开制度虽然适用范围最为广泛，涵盖司法机关和情报安全机关之外的所有公共部门，10万多个公共部门平均每年处理20多万起信息公开申请，但是信息公开方面的争议相对比较少，即使发生复议、诉讼，公共部门胜诉率也较高，这也与立法时就对免予公开的信息范围明确规定分不开。

5. 政府信息公开法律制度的实施，必须结合本国政治、经济和文化传统等实际国情，稳步推进。在西方发达资本主义国家中，英国属于较晚制定政府信息公开法律制度的国家。鉴于英国政府和公务员中根深蒂固的保密传统，英国利用4年多的时间做好法律实施的准备工作，出台细化规定，配备和培训工作人员，充分保障执法经费等。同时，英国特别注重政府信息的主动公开，对于政府的工作、公款的花费、教育、医疗和犯罪率等大事小情都要主动公开，而且将政府信息视为一种公共财产，为方便社会公众利用，在公开方式上要求采取可再利用方式，尽可能地在网上进行公开。随着信息技术的进步，为回应社会关注，逐步稳妥地扩大主动公开的政府信息范围，如将中央和地方政府的支出情况以及高级官员的工资收入等纳入主动公开范围，逐步做到公共决策公开、公共资金支出公开，满足公众对透明政府、责任政府的新期待。此外，英国议会也对法律实施情况进行监督，并适时组织立法后评估，及时发现问题，提出完善建议，促进了法律的有效实施。

英国宪法行政法近期改革观察

史学成[*]

英国是一个奉行君主立宪制、议会民主制、内阁责任制、中央集权制、不严格三权分立的国家。英国没有一部法典化的成文宪法，少数成文法和众多宪法惯例构成其宪法渊源，宪政制度相对保守、稳定。议会主权、法治和分权是公认的宪法原则，其中最重要的是议会主权原则。议会主权，即议会至上，其基本含义是：议会是最高权力机关，议会立法是法律的最高形式，议会可以对任何事务进行立法，议会立法不受之前法律的约束，也不能约束未来的立法；法官负责解释法律，但是不能挑战议会立法的有效性。不过，自1997年布莱尔领导的新工党上台执政后，英国进行了比较激进的宪法、行政法改革，涉及议会、政府、法院、中央和地方关系等各个领域，可以说是重新塑造了英国宪政面貌，使英国正在从议会主权为基础的国家向宪政国家迈进，英国宪法也由政治性宪法向法律性宪法转变。我国国内对这一改革进展研究较少，本文择要介绍如下。

一、关于英国议会及其改革

（一）议会的组成

英国议会由下议院（平民院）、上议院（贵族院）和国王组成，主要职责是审议法律案、财政拨款案和监督政府政策及其执行。每届议会任期5年，除非由国王根据首相的建议提前解散。国王是形式上的国家元首，议会每年秋季开幕，都由女王发表致辞；议会法案生效形式上要经过国王批准（御准）。下议院议员650人，由全国650个选区的选民直选产生。上议院贵族734名，其中主教和大主教26名，世袭贵族92名，终身贵族593名，法律贵族23名。下议院因为议员由民主选举产生，合法性基础高，在议会中居于主导地位。上议院根据1999年修改的《上议院法》废除了大部分世袭贵族，经选任产生的终身贵族成为上议院贵族的主体，他们独立于选民，又具有专业知识，合法性基础提高，上议院监督政府的能力增强，在法律修改、搁置立法、人权保护和欧盟立法审查方面的作用日益突出。

---

[*] 法学博士，英国伦敦大学学院法律系2013—2014年志奋领项目访问学者。本文为作者访问习得之作。

【域外撷英】

(二) 议会的职能之一: 立法审议

议会每年的会期平均为168天, 三分之二的时间用于审议立法, 这其中75%的时间由执政党控制, 用于审议通过执政党提出的法案或政策。2013年7月, 内阁办公室发布了300多页的《立法指南》, 对法案从起草到生效各个阶段的立法程序和要求作了全面详实的规定。议会立法分为基本立法和授权立法, 前者由议会审议通过, 平均每年60部左右, 后者由议会授权中央政府部门或者地方政府制定, 每年约有2000多件。基本立法的法案分为四种形式: 公共法案 (适用于所有社会成员, 一般由政府提出立法动议)、私人法案 (适用于某一特定地区或者特定群体, 一般由议员个人而不是政府提出立法动议)、混合法案 (适用于所有社会成员, 同时对特定群体的利益产生特殊影响) 和金钱法案 (只涉及财政措施)。政府提出的法案一般经过政府审议 (白厅) 和议会审议 (威斯敏斯特) 两个阶段: 首先由政府的议会法案起草人或者议会法律顾问起草, 形成法律草案后交内阁专门委员会审查。有时在起草法案之前, 政府要发布白皮书, 用简明通俗的语言公布立法方案, 并征求公众意见。法律起草的目标是: 清楚、简单, 应当主要考虑使用者而不是起草者的需要, 所有的公共法案都要提供解释说明 (直到1999年才在所有的公共法案中实现)。自1997年以来, 政府在将法律草案正式提交给议会前, 越来越多地由议会专门委员会提前介入审查, 进行立法前评估。这一立法前审查机制使专家或者利益集团有机会提前参与立法进程, 大大提高了立法质量。公共法案的立法程序是: 1. 一读: 法案正式提交到议会。2. 二读: 由下议院对法案大的原则进行辩论, 不涉及细节, 如果辩论意见一致, 则交由专门委员会审议; 如果有反对意见, 则进行投票, 若未通过, 就得放弃或者重新提交。3. 专门委员会审查: 一般由专门为审查某一法案而成立, 由各党派议员组成的公共法案委员会进行逐条审议、辩论, 并提出审议报告。4. 报告: 法案经公共法案委员会审议后再返回, 向下议院全体进行报告。5. 三读: 下议院对法案进行表决, 此时不能对法案内容进行修改, 只能修改语法或者打印错误。下议院通过后, 法案将提交给上议院审议, 上议院有权对法案进行修改, 并可以将法案搁置一年, 其立法审议程序与下议院基本相同。

除了上述由议会直接通过的基本立法之外, 英国成文法中大量存在的是授权立法 (又称次级立法、附属立法), 是根据议会基本立法授权制定的法规。自19世纪早期开始, 英国授权立法数量开始激增, 目前议会每年批准1500项至3000项授权立法, 它对提高立法效率、根据社会发展需要及时对基本立法作出修改或补充非常必要。同时, 为确保对授权立法的审查监督, 授权立法必须满足两个条件: 一是授权条款足够清楚、准确, 以便法院可以通过司法审查来裁判其是否越权; 二是确保议会进行充分的审查。授权立法一般由议会两院联合组成的授权立法联合专门委员会审查, 主席由上议院贵族担任。此外, 为了消除和减少立法对企业或者慈善组织的负担, 2006年《立

▶ 151

法和规制改革法》授权内阁大臣可以不经议会参与直接对基本立法和次级立法进行修改,这被称为"亨利八世"条款。

(三)议会的职能之二:监督政府

政府执政的基础是保持下议院的信任,如果下议院对政府作出不信任投票,可以导致政府辞职。当然,作为制衡手段,首相也可以提请国王解散议会,提前举行大选。议会监督政府最重要的手段是控制预算,所有的预算收支计划必须经议会两院批准,主要是下议院的批准,上议院无权反对,仅仅具有形式上的同意权。英国中央政府(即内阁)由占下议院议会席位最多的政党作为执政党单独或者与其他政党联合组成,获得第二位的党派是在野党,在野党组成影子内阁,负责对政府进行监督。首相和内阁大臣必须是下议院议员,并亲临议会接受议员们的质询和提问,提问可以采取口头和书面两种形式。议会每天一开始(周五除外),就会安排45分钟至55分钟时间让议员向各内阁大臣提问。每周三中午,首相要接受议员30分钟的质询和提问。自撒切尔政府开始,在下议院设立了与内阁各部一一对应的内阁部门专门委员会,对口监督内阁各部的工作。该专门委员会一般由11名成员组成,执政党和在野党议员均有,委员会主席由委员无记名投票选出(2010年之前由议会党鞭指定),连任不能超过两届。他们可以自行选择某一问题进行调查并发布报告、提出建议,政府部门有义务进行回应。政府部门专门委员会自2008年起还负责立法后评估,也是监督政府的一种方式。它要求2005年及之后通过的法律获得御准后3年至5年内要进行立法后评估,不是针对所有的法律,而是有选择、有重点的评估,首先由负责法律实施的政府部门向相对应的议会专门委员会提交实施情况备忘录,该专门委员会审查后再决定是否实施进一步的立法后评估。此外,为监督预算的执行情况,下议院设立了公共账户专门委员会和国家审计办公室;为了对政府行为拖延、作风粗暴等不良行政进行监督,还设立了议会行政监察专员。

(四)对议会的改革

由于下议院选举获胜的政党组成内阁,并依靠在议会中的多数牢牢控制议会,政府的政策和法案几乎没有通不过的,这种议会和政府几乎合一的体制,曾被英国宪法学者白芝浩称为是英国宪政成功的秘密,但是这一体制也因缺乏对政府的真正监督和制衡,不利于对政府的民主监督和依法问责,被后人称为"选举独裁"。为了强化议会对政府的监督,近10多年来,英国政府提出了很多议会改革方案,其中重要的成功举措有:1999年《上议院法》废除了世袭贵族,使终身贵族成为上议院的主体,增强了立法审议能力,提高了上议院的作用和地位;2010年《议会任期固定法》对议会任期作了规定,大选日期固定于议会届满当年五月份的第一个周四,避免首相选择有利于本党的时机解散议会、举行大选。此外,还有很多细微的改革,如专门委员会主席改由选举产生、提升后座议员的地位等,目的是增强对政府立法的监督,加大政府立法的通过难度。但是,也有更多的改革方案失败了,如改革下议院议员选举制度,从目前的简单多数制转换为比例代表制;改变选区边界,将议员数量由650人缩减为600人;改革上议院贵族的产生办法,全部改为选举产生或者部分选举、部分任命等。

二、关于英国政府及其改革

英国政府由国王、首相、内阁大臣和非内阁大臣、文官组成,其他政府机构还包括:权力下放地区的政府及地方政府、公共机构、警察、军队和税务局。英国实行政务官(选举产生)和事务官(常任文官)分离制度。内阁,即中央政府代表国王行使国王特权,制定政策,启动立法;文官为内阁大臣提供政策建议,并负责执行法律。

(一)内阁

内阁,即中央政府。内阁由占下议院议会席位最多的政党作为执政党单独或者与其他政党联合组成,其党首担任首相,首相从下议院议员中任命内阁大臣。现任内阁是2010年大选后由保守党和自民党联合执政,保守党党首卡梅伦担任首相。2011年10月,英国内阁办公室发布了《内阁手册——关于政府运作的法律、惯例和规章指南》,分11章对有关政府组成、政府结构、行政与议会、大臣和文官、政府收支、官方信息等法律、惯例和规章作了汇编,是一部最新的宪法性文件。内阁通常由22人或23人组成(包括首相),内阁部门并不固定,几乎每届政府都会进行换届重组、机构改革,但是内政大臣、外交大臣、财政大臣和大法官大臣几乎是和平时期每届政府都必须保留的。此外,政府在下议院的首席党鞭现属于内阁成员,政府在上议院的首席党鞭和政府检察总长出席内阁会议,但不是内阁成员。重要决策通常由不同部门组成的若干个内阁委员会作出。内阁实行集体责任制,内阁大臣在内部讨论时均可以自由坦率地发表意见,但是决定作出后对外应当保持一致意见,并为内阁决定辩护。除非事先另有明确声明,内阁和内阁委员会的决定约束所有内阁大臣,如果不同意,大臣可以辞职。同时,为了保证内阁大臣自由坦率地发表意见,内阁大臣在讨论时的意见不对外公开。根据2010年5月《大臣守则》的规定,内阁大臣"应当按照宪法与个人行为的最高标准来履行其职责",在公共生活中恪守无私、正直、客观、负责、公开、诚实和领导力七项原则;要对个人利益进行登记,确保其个人利益和公共职责之间不出现或者不可能出现利益冲突;同时还要支持公务员的政治中立。内阁大臣对所领导的政府部门的行为向议会负责,同时也要对个人行为负责,最主要的是诚实和廉洁,如果有撒谎或者金钱方面的不诚实行为,将会被要求辞职。内阁各部主要负责制定政策,并对政策制定接受议会监督。此外,为提高政策执行效果,英国受新公共管理运动的影响,将企业管理的理念和做法引入政府,内阁各部设立了大量的执行机构(Executive Agencies),其预算和人事任命由各部控制,其领导通过任命而不是选举产生,无须接受议会质询。此外,还有大量相对独立和专业的非部门公共机构（Non-departmental Public Bodies）事实上行使着行政职能,但不是中央政府部门的组成部分,如民用航空局、国民健康服务局等。

（二）文官

文官,即公务员。中央政府各部门配备的行政、专业、技术和其他官员构成了文官体系,主要职责是执行政策,并向各部大臣提供政策建议。文官是常任的、不与政府共进退、政治上保持中立,不是政治任命而是根据工作业绩晋升、不直接对议会负责、薪水由国库列支、公务侵权责任由国家承担。根据《文官守则》的规定,文官应当恪守正直、诚实、客观、公正的行为准则,个人要向所在部门汇报可能与工作职责发生利益冲突的家庭或商业利益,审慎地接受游说者的招待等。对文官的管理一直属于王室特权范畴,没有成文法规定,直到2010年《宪政改革和治理法》,才首次将对公务员的管理纳入成文法规定。

（三）法律官

英国政府负责法律事务的官员是法务总长（Attorney General）和总法律顾问（Solicitor General）,法务总长是政府律师界的首领,负责案件起诉、抗诉等,案件起诉不受政治干涉;还负责向首相和各部门提供法律建议,这种法律建议受法律职业特权保护,不对外公开。总法律顾问,也是副法务总长,领导财政部非诉律师部（Treasury Solicitor's Department）,与2000多个政府律师共同工作,为180多个中央政府部门和公共机构提供法律服务、派人出庭应诉等。内阁大臣收到法院要求作证或者提供证据的命令之后,应当咨询财政部非诉律师部或者本部门法律顾问。

（四）内阁的改革

近年来的政府改革除了将文官由原来按照内部事务管理纳入成文法律规定并依法管理、将上述已有的内阁工作惯例汇编成册之外,最重要的就是2000年《信息自由法》的制定。该法由布莱尔政府2000年制定,并于2005年将全部条款付诸实施,它对于增强政府透明度、提高对公共机构的问责意义重大,但是实施中也出现了不少问题。英国各界对于该法的态度存在两派意见：一些民众和学者认为政府公开得远远不够,法律有太多的漏洞和豁免公开事项,是"披着狼皮的羊";政府官员则认为该法走得太远,甚至被少数人不当滥用,没有实现民主监督目的。布莱尔2010年在其自传中写到,《信息自由法》是他执政时期的一个巨大错误,因为该法主要被媒体记者用作编造故事、打击政府的武器,而不是普通公民用来实现民主问责的机制。

三、关于英国司法及其改革

（一）英国司法系统的组成

英国法院分为最高法院、上诉法院、高等法院、皇家刑事法院、治安法院和郡法院。最高法院是民事和刑事案件的最高上诉法院（苏格兰刑事案件除外），上诉法院分为刑事和民事两个审判庭，刑事庭的庭长是英格兰和威尔士首席法官，也是司法界的首领。高等法院分为王座庭、财政庭和家事庭三个审判庭。刑事案件一审由治安法院和皇家刑事法院负责，实行陪审制。民事案件的一审由郡法院和高等法院负责，不实行陪审制。司法审查案件的一审统一由高等法院审理。除法院之外，英国还存在大量的裁判所，2007年《法院、裁判所和强制执行法》生效后，大量的裁判所被整合为初审裁判所和高等裁判所两级，其中每级裁判所分设若干专门裁判庭，负责审理绝大多数行政案件。此外，劳动案件由就业裁判所（一审）和就业上诉裁判所（二审）审理。若对高等法院、高等裁判所和就业上诉裁判所的判决不服，可以向上诉法院上诉，最终可以上诉至最高法院。除此之外，由于英国的欧盟成员国资格，当事人就欧盟事务可以向设在卢森堡的欧盟法院上诉，就人权案件可以向设在斯特拉斯堡的欧洲人权法院上诉。值得注意的是，英国法院的审判职能和辅助职能分开，法官唯一的职责是裁判案件，其他辅助职能由法院和裁判所服务局（接受司法部领导，其工作人员是政府公务员）承担。

（二）司法改革一：司法独立

司法改革是英国近期宪政改革的重点，增强司法的独立性则是改革方向。英国虽然承认司法独立原则，如法官在职务任免和审判权行使上有保障，高等法院的法官非经议会两院报请国王批准，不得被免职，也不能因善意履行司法职权而被追诉，即使其行为错误或者越权。但是，英国长期以来并没有实行立法、行政和司法的三权分立制度，相反，司法权与立法权、行政权之间有相互交织现象。比如，作为司法界首领的司法大臣身兼三职，既是内阁大臣，又是上议院议长，还是首席法官，负责任命法官和御用大律师，管理司法、宪政改革和人权保护。作为最高司法上诉机构的上议院司法专门委员会，其法律贵族既是法官，又同时行使立法职能。2005年《宪法改革法》对此作了较大改革。一是削弱司法大臣的权力，成立法官任命委员会，增强了法官任命的独立性。司法大臣不再担任首席法官，不再要求是上议院议员，也不必是有资格的律师，无权直接任命法官。英格兰和威尔士的首席法官由上诉法院刑事庭庭长担任，负责法官的福利、培训、分配以及在议会和各部面前代表法官等。司法大臣有义务保障司法独立并为法官履行职责提供必要的支持，但是不能以任何方式接近法官并寻求影响特定司法判决。最高法院法官的空缺，由特别选拔委员会遴选，司法大臣只是负责向首相通知该委员会选出的人员；其他高级法院法官（上诉法院、高等法院、皇家刑事法院、就业上诉裁判所、高等裁判所）的任命由非政治性的、独立的司法任命委员会负责，司法任命委员会根据法官空缺等额提名候选法官，司法大臣只能同意或者拒绝，如果拒绝必须说明理由，司法大臣通常不会拒绝，因此，司法大臣的法官任命变成形式上的，法官任命摆脱了政治影响。即使对于外行治安法官的任命，也由司法大臣根据101个地方顾问委员会的建议进行任命。

二是设立了独立于议会的最高法院，2009年10月正式成立，不再行使立法职能，现有12名大法官。

（三）司法改革二：司法扩权

英国最高法院不像美国最高法院那样具有违宪审查权，也无权撤销议会立法。但是，1998年《人权法》的制定，赋予了法官对于议会立法是否与《人权法》相一致的审查权。1998年《人权法》要求：内阁大臣在向议会提交法案时要确认该法律符合《人权法》的要求；法院在解释议会法律时要尽可能作与《人权法》相一致的解释；如果无法作出与《人权法》相一致的解释，应当宣告议会法律违反《人权法》的规定，但是不能撤销议会立法（权力下放地区的议会立法除外），而应由政府决定是否给予救济，如修改法律。《人权法》将《欧洲人权公约》的规定赋予国内法效力，规定英国法院在实施公约及《人权法》规定人权的过程中，应当遵从欧洲法院的判决和惯例。它赋予个人一系列权利来对抗国家，英国学者将其视为英国新宪法的基石，这一法律的实质是对法官在保护公民权利方面职责的极大扩张。由于英国法官垄断对法律的解释权，具有对法律问题的最终判断权，法官可以通过对《人权法》的解释，使其司法审查权建立在几乎没有边界的管辖权的基础上。实践中，英国法官根据《人权法》的规定，作出了多起宣告议会立法违反《人权法》的判决，限制了议会主权原则的效力，也导致了民选产生的内阁政府和司法界之间的紧张关系。未来两者之间的关系究竟如何发展，目前仍处在博弈、发展之中。

四、关于英国的中央和地方关系

（一）地方政府的组成

英国传统上是个中央集权的单一制国家，虽然地域上分为英格兰、威尔士、苏格兰和北爱尔兰四个地区（英国内部称为四个国家），英格兰和威尔士的法律制度相对一致，苏格兰和北爱尔兰的法律制度则具有较大的独立性，不过，这四个地区及其下级地方政府的权力均来自于中央的授权。这四个地区之下的地方政府分为两级制或者单一制，由定界委员会具体决定，地方政府包括五种形式：郡政府、区政府、大城市政府、单一制政府和直辖区政府。目前，英格兰和威尔士共有410个地方政府（其中威尔士有22个单一制政府），19000名选举产生的地方议员，雇用200多万员工，提供700多种公共服务；苏格有32个单一制政府，北爱尔兰有26个区政府和9个地区委员会（4个负责医疗和社会照顾服务，5个负责教育和图书馆）。地方政府主要负责提供公共服务，如交通、教育、图书馆、垃圾处理、消防、警察、住房分配、城镇规划等。许多公共服务都通过合同外包的方式，由私营部门承担。1999年之前法律规定公共服务必须通过公开竞争招标方式确定服务承担者，通常由出价最低者承包，1999年《地方政府法》将选择地方公共服务的标准改为"最优价值"标准，不再片面追求价格最低，而是兼顾服务质量和服务价格的平衡。地方政府 50% 的收入来自中央政府拨款,其他收入来自市政税(主要是针对房屋征收的物业税)和收费(如停车费),地方不能征收所得税,但是可以在财政部的严格监控下实行借款。地方支出除了经常性的政府运行支出外,主要用于教育支出。此外,为了确保中央政府政策在地方的执行和向中央准确反映地方的诉求,1994 年在中央设立了 9 个地区政府办公室,并成立了 9 个地区发展局。2007 年,为了进一步协调地区经济发展和振兴,提高比较竞争力,减少地区之间和地区内部发展不平衡,首相任命了 9 个地区部长,作为地区代言人,在中央制定政策时代表地区利益,并向议会负责。

(二)地方改革一:权力下放

布莱尔政府通过 1998 年《苏格兰法》、1998 年《威尔士政府法》(2006 年修改)、1998 年《北爱尔兰法》,实行了大规模的权力下放,将权力从中央政府各部和议会向地方民选机构转移,苏格兰、威尔士和北爱尔兰的议会和政府由直选产生,并有一定的立法权,实现了一定程度上的地方自治。这使英国从单一制国家向准联邦制国家转变。布莱尔政府在制定权力下放的法律之前,充分吸取了之前工党政府的教训,先在这三个地区举行全民公投是否同意权力下放。中央政府保留的权力包括:宪法、国际关系和国防、国内安全、国籍和移民、宏观经济和财政政策、广播、税收制度、社会福利;地方享有的权力包括:卫生和社会照顾、教育和培训、地方政府、住房、交通、农业、林业和渔业、环境和规划、旅游、体育和遗产、经济发展等。当然,四个地区下放的权力并不完全相同,如苏格兰和北爱尔兰也有独立的警察和司法权,而威尔士则没有。对于涉及权力下放地区的中央政府政策,英国议会按照惯例向权力下放地区咨询并征得同意,这也是对议会主权的一种限制。此外,对苏格兰、威尔士和北爱尔兰实行权力下放后,英格兰要求更大独立权的声音也一直存在,最典型的问题就是"英格兰议员不能投票决定苏格兰的事务,但是苏格兰议员却可以投票决定英格兰的事务",这一制度安排对英格兰似乎不公平,这就是英国宪法实施中著名的"西卢锡安问题"。最新的进展是,2014 年 9 月 18 日举行苏格兰独立公投,虽然最后投票结果是苏格兰仍保留在英国内,但是根据执政党和反对党给予了苏格兰更大权力的承诺,今后苏格兰政府将在税收等方面获得更大的权力。

(三)地方改革二:市长直选

实行权力下放的另一个举措就是在英格兰尝试实行地方政府首长直选。1999 年《大伦敦当局法》决定对伦敦市长实行直选,2000 年诞生了首位直选产生的伦敦市长,任期四年。伦敦市长作为大伦敦当局的执行官,接受由 25 名议员组成的大伦敦市议会的监督,也可以向其咨询政策。与纽约或者巴黎市长不同,伦敦市长的权力较小,没有独立的财权,75% 至 80% 的收入来自中央政府拨款,其他 15% 来自于各区政府的提成和收费;伦敦市长只能支配大伦敦地区 10% 左右的支出。其主要职责和权力是:大伦敦地区的经济发展和交通，有权拟订大伦敦当局的规划，并拒绝批准区政府的规划（区政府对此可以向中央政府上诉）；与伦敦警察局、伦敦消防和紧急状态规划局密切合作，与有关部门合作提高伦敦的环境和空气质量，处理垃圾和噪音问题。中央政府负责国民健康服务、初等和高等教育、住房和社会福利，各区政府负责学校和地方规划的实施。此外，英国也曾尝试在英格兰其他地区实行市长直选，但是经过地区性的全民公投之后，多数地方居民表示反对，政府也就放弃了该计划。

五、对英国宪法行政法改革的几点启示

英国自1997年以来的这一轮宪政改革贯彻的思想是民主、民权和善治。通过改革，议会和政府的权力在缩小，法院和地方政府的权力在扩大，公民的权利在扩大，虽然议会主权仍是基本的宪法原则，但是这一原则受到越来越多地限制。改革形式上的体现是成文法化趋势明显，宪法惯例都尽量汇编成文，内容更加清楚，避免歧义，英国学界也在探讨制定一部成文宪法的可能性。应该说，英国作为成熟的资本主义国家，其宪政制度仍根据国内外环境的变化，处于不断修正和完善中，历史并未因此终结。英国的改革历程对我们有以下几点启示：

（一）关于民主

民主就是人民当家做主，是人民参与国家事务管理的一种方式。人们一提起西方民主，就认为是多党制和普选制。其实，这些都是民主的实现形式。每个国家选择什么样的治理模式，是由这个国家的历史、政治、经济和文化决定的，民主是有条件的。在条件不具备时，盲目照搬西式民主，只能导致国家政局的动荡不安、人民的流离失所，如非洲的埃及、亚洲的泰国、欧洲的乌克兰等就是典型例证。即使在英国，上议院贵族也不是由选举产生的，而是社会精英人士的集合（类似于我国的政协）。民主的实现形式有多种：全民公投、代议民主、参与民主、协商民主等，关键看是否能够反映和集中民意。两党竞争、选票民主并非民主的最佳形式，即使实行政党选举，各个国家的选举模式也不尽相同。我国的协商民主模式、民主集中制的决策机制、立法听取意见以及行政程序中的听证制度等，确保了公民充分反映意见，政府听取公民意见，就是民主在内容和结果上的实现。当然，我们也应当更加重视民主的程序价值和吸纳社会不满的功能，在立法、决策和执法过程中，注意广泛听取社会各界的意见，加强官民互动，提高决策质量，提高政府的社会公信力。

（二）关于分权

英国是中央集权的单一制国家，实行内阁责任制和议会至上体制，选举获胜的政党组成内阁，内阁成员本身就是下议院议员，执政党通过掌控议会来实现政党意志和选民意愿，法官可以立法但是无权撤销议会通过的法律，

中央政府不断地向地方下放权力。英国的分权模式不同于美国，议会作为最高权力机关，与政府基本上是融合的，但是人民对政府的问责机制并没有因此而减少。英国实行权力下放，而不是联邦制，这虽然也导致了苏格兰闹独立等问题，但是其处理中央和地方关系上的法治化思路，仍值得我们借鉴。此外，英国很多监督和问责政府的机制，剔除其中的意识形态因素，也对我国很有借鉴意义，如信息公开、司法审查等。

（三）关于司法独立

英国司法独立的内涵是不断变化的，君主制时期要求国王不能随意免除法官职务、不能代替或者干预法官办案。现代则要求法官任命要由独立的司法任免委员会负责，摆脱政治的影响；法官独立审判，不受任何外界干涉；法院的设立独立于政府和议会；等等。但是，即使在有悠久法治传统的英国（1215年大宪章首次确立了国王也要服从法律的现代法治原则），其司法独立是也有条件的，逐步实现的。100多年前的边沁曾经激烈反对司法独立，认为司法独立会导致司法专横、武断。现代英国司法独立仍是有一定条件的，如高级法官都是从资深出庭律师或者下级法官中选任，是法律职业的顶尖人才，人数很少，自律严格，司法腐败绝少发生，司法具有极高的公信力，司法独立与司法责任相匹配，避免了司法独立可能导致的司法专横。虽然司法独立已经写入2005年《宪法改革法》，但是法官并不具有违宪审查权，无权撤销议会立法，议会主权原则仍是最基本的宪法原则。我国的法官培养模式、选拔机制、司法责任、法官职责和法治环境等均与国外不同，与英美法系差异更大。因此，我们在审视司法独立、违宪审查等国外概念和制度的时候，要知其然更要知其所以然，必须了解其历史发展、实现条件和生存土壤，而不能人云亦云，盲目照搬。

（四）关于法律的统一实施

在英国，议会负责制定法律，法律制定出来之后，由法官负责适用和解释，法律问题的最终解释权在法院。而且在英国从理论上讲，所有的案件都有可能上诉到最高法院。英国实行判例法，上级法院的判决理由对下级法院具有约束力，因此，英国通过司法上诉制度实现法治的统一。英国几乎不存在立法解释的观念，其法律解释体制和权力配置与大陆法系国家有很大不同，与我国更是差别巨大。我国首要的是立法解释，由全国人大常委会解释宪法和法律，国务院解释行政法规；司法解释权主要由最高人民法院和最高人民检察院行使，普通法院只是适用法律，无权挑战法律、法规的合法性。而且我国法律上诉制度也不同于英国，案件实行两审终审，不实行判例法，很少有案件上诉到最高法院。因此，通过司法判例发展和解释法律的机制也与之不同。对于的法律统一实施问题，我国通过法规规章备案审查等制度来解决，而不是将其完全交给司法机关。因此，我国在借鉴国外法律制度，实行大的社会变革时，如果涉及权力配置格局的改变，必须立足于我国的国情，充分考虑我国的法律传统、社会公众的意愿，对英美法系普遍流行的制度要知其然更要知其所以然，要在我国宪法法律框架内进行比较借鉴，而不能超出这一约束，这样才能真正做到从中国实际出发解决中国实际问题。

征 稿 启 事

《行政执法与行政审判》是最高人民法院针对行政审判工作出版发行的唯一的指导性综合刊物。丛书自出版以来，深受全国各地法院行政审判法官、行政执法人员和专家学者的普遍欢迎和好评。对各级法院行政审判工作具有权威的指导作用，对各级各部门行政机关依法行政和行政法、行政管理专业的专家学者具有较强的参考作用。

本丛书及时刊登行政审判的最新司法解释、司法文件、司法政策及解读，具有典型和指导意义的审判案例及分析，行政执法和行政审判的调研信息及成果等内容，设有"最新司法文件""最新司法解释""最新司法政策""司法解释解读""行政诉讼理论""行政审判实务""调查与研究""双选专题""疑难案例评析""行政审判动态""域外撷英"等栏目。现编委会竭诚向全国的行政执法和行政审判理论和实务工作者征稿。来稿要求：

一、稿件应属未公开发表的作品。请勿一稿两投。

二、优先发表在本书所涉领域有创见的、高水平的文章，来稿采用与否以理论和实务价值为标准。

三、稿件引文应当注明出处，注释体例参见本书"写作体例说明"。

四、稿件最好为附打印稿的 word 文件电子版。

五、稿件一经发表，文责自负，但编者保留对来稿进行技术性加工处理的权利。文章一经采用，由本编辑部统一付给稿酬。

六、来稿请按以下联系方式寄送：

地址：北京市东城区东交民巷 27 号

　　　最高人民法院行政审判庭　梁凤云

邮编：100745

请在信封正面注明"《行政执法与行政审判》来稿"字样。

E-mail：zgfyxzt@sohu.com

《行政执法与行政审判》编委会

写作体例说明

一、交付稿件要求

（一）总体要求

齐（不缺页、不缺件）、清（稿面清楚）、定（已定稿的稿件）。提供稿件电子版，并附打印清样，出版社视清样为最终定稿。

（二）具体要求

纸样用 A4 纸，单面打印。

电子版内容一定要与提供的清样内容相同。

二、编辑体例

正文编码顺序按：一、（一）1.（1）① 第一，其一，等来编排。

三、技术规范

数字用法：

统计数字、时间、物理量等均用阿拉伯数字（如：100kg　45.8 万元　11 个月　4.9 万册　12.4 亿人）；法条号尊重原文，即原文是汉字的用汉字，原文是阿拉伯数字的用阿拉伯数字。

注释方法：

1. 一般原则

（1）注释采取页下注，注释号每页重新起算；

（2）引注作品的，注释应完整；

（3）作者为三人或三人以上的，首次引用时应显示全部作者，重复出现时可在第一作者之后加"等"字样。

2. 著作引文注释范例

一般格式：作者/书名/出版社/出版年代/页码

如：×××著/主编：《×××》，××出版社××年版，第××页。

3. 文章引文注释范例

一般格式：作者/文章题目/引自何种出版物/出版时间/页码

（1）著作中文章

××："文章名"，见：××主编：《书名》，××出版社××年版，第××页。

（2）期刊中的文章

××："文章名"，载《期刊名》××年第×期。

（3）报纸上的文章

××："文章名"，载《报纸名》××年××月××日，第×版。